令 和 6 年 度

予 算 事 務 提 要

令 和 6 年 6 月

一般財団法人

大 蔵 財 務 協 会

目　　次

I　令和6年度予算について

II　令和6年度歳出予算の執行手続等について

III　財政の執行について

Ⅳ　令和 6 年度歳出予算目の区分表

Ⅴ　コード番号について

参　　考

I 令和6年度予算について

（1） 令和6年度予算編成の基本方針

令和5年12月8日
閣　議　決　定

1．基本的考え方

①　我が国経済は、コロナ禍の3年間を乗り越え、改善しつつある。30年ぶりとなる高水準の賃上げや企業の高い投資意欲など、経済の先行きには前向きな動きが見られており、デフレから脱却できる千載一遇のチャンスを迎えている。

　他方、賃金上昇は物価上昇に追い付いておらず、個人消費は依然力強さを欠いている。これを放置すれば、再びデフレに戻るリスクがあり、また、潜在成長率が0％台半ばの低い水準で推移しているという課題もある。

②　こうした中、政府は、「デフレ完全脱却のための総合経済対策」（令和5年11月2日閣議決定）を策定した。この対策は、デフレ脱却のための一時的な措置として国民の可処分所得を下支えするとともに、構造的賃上げに向けた供給力の強化を図るものである。

　3年程度の「変革期間」を視野に入れ、我が国経済を熱量あふれる新たなステージへと移行させるためのスタートダッシュと位置付けられている。

③　今後の経済財政運営に当たっては、まず、この対策を速やかに実行し、政策効果を国民一人一人、全国津々浦々に届け、デフレから完全脱却するとともに、「新しい資本主義」の旗印の下、社会課題の解決に向けた取組それ自体を成長のエンジンに変えることで、民需主導の持続的な成長、そして、「成長と分配の好循環」の実現を目指す。

　人口減少を乗り越え、変化を力にする社会変革を起動・推進する中で、包摂社会の実現に取り組むとともに、国民の安全・安心の確保に万全を期し、経済社会の持続可能性を担保することを目指す。

④　持続的で構造的な賃上げの実現を目指し、引き続き、リ・スキリングによる能力向上の支援など、三位一体の労働市場改革、地域の中堅・中小企業、小規模事業者を含め、賃上げに向けた環境整備を進める。中小企業等の価格転嫁の円滑化、資金繰り、経営改善・再生等の支援を行う。

　　供給力の強化に向けて、科学技術の振興及びイノベーションの促進、グリーントランスフォーメーション（ＧＸ）、デジタルトランスフォーメーション（ＤＸ）、半導体・ＡＩ等の分野での国内投資の促進、海洋や宇宙等のフロンティアの開拓、スタートアップへの支援等に取り組む。

⑤　若者・子育て世代の所得向上に全力で取り組む。全てのこども・子育て世帯を対象とする支援の拡充など、「こども未来戦略方針」（令和5年6月13日閣議決定）で示された「こども・子育て支援加速化プラン」を推進し、少子化対策・こども政策を抜本的に強化する。

　　多様性が尊重され、全ての人が力を発揮できる包摂社会の実現を目指し、全世代型社会保障の構築、女性活躍の推進、高齢者活躍の推進、認知症施策、障害者の社会参加や地域移行の推進、就職氷河期世代への支援、孤独・孤立対策等に取り組む。

⑥　令和6年度の診療報酬・介護報酬・障害福祉サービス等報酬の同時改定においては、物価高騰・賃金上昇、経営の状況、支え手が減少する中での人材確保の必要性、患者・利用者負担・保険料負担への影響を踏まえ、患者・利用者が必要なサービスが受けられるよう、必要な対応を行う。

⑦　「デジタル田園都市国家構想総合戦略」（令和4年12月23日閣議決定）に基づき、デジタル技術の活用によって、「全国どこでも誰もが便利で快適に暮らせる社会」の実現を目指すとともに、地方活性化に向けた基盤づくりを推進し、地方創生につなげる。

　　アナログを前提とした行財政の仕組みを全面的に改革する「デジタル行財政改革」を起動・推進する。人口減少の下でも、従来以上に質の高い公共サービスを効率的に提供するため、利用者起点に立って、教育、交通、介護、子育て・児童福祉等の分野において、デジタル技術の社会実装や制度・規制改革を推進する。

⑧　質の高い公教育の再生、文化・芸術・スポーツの振興、農林水産業の振興、交通・物流インフラの整備、観光立国に向けた取組の推進、2050年カーボンニュートラルを目指したグリーン社会、地域・くらしの脱炭素化やサーキュラーエコノミーの実現、2025年大阪・関西万博に向けた着実な準備等に取り組む。

⑨　防災・減災、国土強靱化の取組を着実に推進するとともに、中長期的かつ明確な見通しの下、継続的・安定的に切れ目なく取組が進められるよう、施策の実施状況の調査など、「実施中期計画」の策定に向けた検討を進める。
　　東日本大震災からの復興・創生に取り組む。ＡＬＰＳ処理水に関し、引き続き、科学的根拠に基づき、透明性の高い情報発信を行う。

⑩　ロシアのウクライナ侵略など、国際秩序が重大な挑戦にさらされる中にあって、Ｇ７広島サミットや日本ＡＳＥＡＮ友好協力50周年特別首脳会議の成果も踏まえ、グローバル・サウスとの連携の強化を含め、法の支配に基づく自由で開かれた国際秩序の堅持のための外交を積極的に展開する。
　　国民の生命と我が国の領土・領海・領空を断固として守り抜くため、令和5年度から令和9年度までの5年間で43兆円程度の防衛力整備の水準を確保し、防衛力の抜本的強化を速やかに実現する。

⑪　国際環境の不確実性が高まり、グローバル・サプライチェーンの再編が進展する中、高い技術力を持つ我が国として、投資の促進を通じ重要物資の供給力を高め、ショックに対してより強靱な経済社会構造を確立する。
　　半導体を始めとする重要な物資の安定供給の確保や先端的な重要技術の育成など、経済安全保障を推進するとともに、食料安全保障及びエネルギー安全保障を強化する。

⑫　経済財政運営においては、経済の再生が最優先課題である。経済あっての財政であり、経済を立て直し、そして、財政健全化に向けて取り組むとの考え方の下、財政への信認を確保していく。
　　賃金や調達価格の上昇を適切に考慮しつつ、歳出構造を平時に戻していく。
　　政策の長期的方向性や予見可能性を高めるよう、単年度主義の弊害を是正し、国家課題に計画的に取り組む。

２．予算編成についての考え方

①　令和６年度予算は、令和５年度補正予算と一体として、上記の基本的考え方及び「経済財政運営と改革の基本方針 2023」（令和５年６月 16 日閣議決定。以下「骨太方針 2023」という。）に沿って編成する。

　足下の物価高に対応しつつ、持続的で構造的な賃上げや、デフレからの完全脱却と民需主導の持続的な成長の実現に向け、
・　人への投資、科学技術の振興及びイノベーションの促進、ＧＸ、ＤＸ、半導体・ＡＩ等の分野での国内投資の促進、海洋、宇宙等のフロンティアの開拓、スタートアップへの支援、少子化対策・こども政策の抜本強化を含む包摂社会の実現など、新しい資本主義の実現に向けた取組の加速
・　防災・減災、国土強靱化など、国民の安全・安心の確保
・　防衛力の抜本的強化を含む外交・安全保障環境の変化への対応を始めとする重要な政策課題について、必要な予算措置を講ずるなど、メリハリの効いた予算編成を行う。

②　その際、骨太方針 2023 で示された「本方針、骨太方針 2022 及び骨太方針 2021 に基づき、経済・財政一体改革を着実に推進する。ただし、重要な政策の選択肢をせばめることがあってはならない」との方針を踏まえる。

③　歳出の中身をより結果につながる効果的なものとするため、骨太方針 2023 を踏まえ、新経済・財政再生計画の改革工程表を改定し、ＥＢＰＭ[1]やＰＤＣＡ[2]の取組を推進し、効果的・効率的な支出（ワイズスペンディング）を徹底する。

---

[1] Evidence Based Policy Making の略称。証拠に基づく政策立案をいう。
[2] 企画立案（Plan）、実施（Do）、評価（Check）、改善（Act）をいう。

(2) 令和6年度予算総則

令和6年度一般会計予算

予算総則

（歳入歳出予算）

第1条 令和6年度歳入歳出予算は、歳入歳出それぞれ112,571,688,422千円とし、「甲号歳入歳出予算」に掲げるとおりとする。

（継続費）

第2条 「財政法」第14条の2の規定による既定の継続費の総額及び年割額の改定並びに新規の継続費は、「乙号継続費」に掲げるとおりとする。

（繰越明許費）

第3条 「財政法」第14条の3の規定により翌年度に繰り越して使用することができる経費は、「丙号繰越明許費」に掲げるとおりとする。

（国庫債務負担行為）

第4条 「財政法」第15条第1項の規定により令和6年度において国が債務を負担する行為は、「丁号国庫債務負担行為」に掲げるとおりとする。

（歳入歳出予算等の内訳）

第5条 「財政法」第28条の規定により、「歳入予算明細書」、各省各庁の「予定経費要求書」、「継続費要求書」、「繰越明許費要求書」及び「国庫債務負担行為要求書」は、別に添付するものとする。

（公債発行の限度額）

第6条 「財政法」第4条第1項ただし書の規定により令和6年度において公債を発行することができる限度額は、6,579,000,000千円とする。

2 「財政運営に必要な財源の確保を図るための公債の発行の特例に関する法律」第3条第1項の規定により令和6年度において公債を発行することができる限度額は、28,870,000,000千円とする。

3 第1項に規定する公債で外貨で支払われるもの（以下「外貨公債」という。）がある場合における同項の限度額の規定の適用については、当該外貨公債の外貨表示の額面の額を外国貨幣換算率（アメリカ合衆国通貨にあっては、令和4年11月1日から令和5年10月31日までの間における実勢相場を平均した為替相場（その相場に1円未満の端数があるときは、これを四捨五入する。）をいい、アメリカ合衆国通貨以外の通貨にあっては、同期間における当該通貨のアメリカ合衆国通貨に対する市場実勢をもって裁定した為替相場を当該為替相場（その相場に1円未満の端数があるときは、これを四捨五入する。ただし、1通貨単位について10円未満となる通貨にあっては、100通貨単位（10通貨単位について1円未満となる通貨にあっては、1,000通貨単位）についての値を

とり、円単位未満を四捨五入する。）をいう。以下同じ。）により換算して算出して得た額を上回るとき又は下回るときは、それぞれの差増額又は差減額に相当する金額を第1項の限度額に減算又は加算した金額を同項の限度額とする。

前段の規定により算出して得た額を上回るとき又は下回るときは、それぞれの差増額又は差減額に相当する金額を第1項の限度額に減算又は加算した金額を同項の限度額とする。

とり、当該外貨公債の発行に係る本邦通貨による収入額による金額によるものとする。この場合において、当該外貨公債の発行に係る本邦通貨による収入額による金額によるものとする。

4　第1項及び第2項に規定する公債（外貨公債を除く。）の発行価格が額面金額を下回るときは、それぞれの発行価格が額面金額を下回るときは、それぞれの発行価格が額面金額を下回るため必要な金額を当該各項の限度額（第1項の限度額について第3項後段の規定の適用がある場合には、当該規定による減算又は加算された後の限度額）に加算した金額をそれぞれの限度額とする。

（公共事業費の範囲）

第7条　「財政法」第4条第3項の規定による公共事業費の範囲は、次に掲げるとおりとする。

所	管	組		織	項
国	会	衆	議	院	衆議院施設費
		参	議	院	参議院施設費
		国 立	国 会 図 書	館	国立国会図書館施設費
裁	判	所		所	裁判所施設費
内		閣		官 房	内閣官房施設費、情報収集衛星施設費
内		閣		本 府	内閣本府施設費、沖縄政策費（沖縄科学技術大学院大学学園施設整備費補助金に限る。）、沖縄振興交付金事業推進費（沖縄振興公共投資交付金に限る。）、沖縄教育振興事業費、沖縄国立大学法人施設整備費、沖縄開発事業費、沖縄北部連携促進特別振興対策特定開発事業推進費
		地 方 創 生 推 進 事 務 局			地方創生推進費（地方創生拠点整備交付金に限る。）、地方創生基盤整備事業推進費
		沖 縄 総 合 事 務 局			沖縄海岸事業調査諸費、沖縄治水事業工事諸費、沖縄道路整備事業工事諸費、沖縄港湾空港整備事業工事諸費、沖縄道路環境整備事業費、沖縄国営公園事業費、沖縄港諸費、農業農村整備事業費、沖縄水産基盤整備事業調査諸費、沖縄災害復旧事業工事諸費、警察活動基盤整備費
警	察	庁			警察庁施設費、交通安全施設整備費、警察施設費（都道府県警察施設整備費補助金に限る。）、警察活動支援施設等整備費（都道府県警察施設整備費補助金に限る。）
こ	ど	も 家 庭		庁	国立児童自立支援施設整備費、児童福祉施設等整備費

— 8 —

所管	組織	項
総務省	総務本省　省	総務本省施設費、国立研究開発法人情報通信研究機構施設整備費、情報通信技術利用環境整備費（放送ネットワーク整備支援事業費補助金に限る。）
	消防　庁	消防庁施設費、消防防災施設整備費（消防防災体制等整備費補助金に限る。）
法務省	法務本省　省	法務省施設費、更生保護企画調整推進費（更生保護施設整備費補助金に限る。）
外務省	外務本省　省	外務本省施設費、独立行政法人国際協力機構施設整備費
	在外公館　館	在外公館施設費
財務省	財務本省　省	財務本省施設費、公務員宿舎施設費、特定国有財産整備費
	財務局　局	財務局施設費
	税関　関	税関施設費、船舶建造費
	国税庁　庁	国税庁施設費
文部科学省	文部科学本省　省	独立行政法人国立高等専門学校機構施設整備費、私立学校振興費（私立学校施設整備費補助金に限る。）、研究振興費（特定先端大型研究施設整備費補助金に限る。）、国立大学法人施設整備費、国立研究開発法人科学技術振興機構施設整備費、国立研究開発法人量子科学技術研究開発機構施設整備費、国立研究開発法人海洋研究開発機構船舶建造費、国立研究開発法人宇宙航空研究開発機構施設整備費、公立文教施設整備費
	スポーツ庁　庁	私立学校振興費
	文化庁　庁	文化財保存事業費（国宝重要文化財等防災施設費補助金及び史跡等購入費補助金に限る。）、文化財保存施設整備費、独立行政法人国立美術館施設整備費
厚生労働省	厚生労働本省　省	厚生労働本省施設費、国立研究開発法人国立精神・神経医療研究センター・神経医療研究センター施設整備費、国立研究開発法人国立成育医療研究センター施設整備費、ハンセン病資料館施設費、医療提供体制基盤整備費（医療施設等施設整備費補助金及び医療提供体制施設交付金に限る。）、保健衛生施設整備費、社会福祉施設整備費、障害保健福祉費（心神喪失者等医療観察法指定入院医療機関施設整備費負担金に限る。）、介護保険制度運営推進費（地域介護・福祉空間整備等施設整備交付金に限る。）、国立研究開発法人医薬基盤・健康・栄養研究所施設整備費

所管	組織	項
	検疫所	検疫所施設費
	国立ハンセン病療養所	国立ハンセン病療養所施設費
	厚生労働本省試験研究機関	厚生労働本省試験研究所施設費
	国立障害者リハビリテーションセンター	国立障害者リハビリテーションセンター施設費
	地方厚生局	地方厚生局施設費
	都道府県労働局	都道府県労働局施設費
農林水産省	農林水産本省	農林水産本省施設費、農林水産物・食品輸出促進対策費（農林水産物・食品輸出促進対策整備交付金に限る。）、食料安全保障確立対策費（食料安全保障確立対策整備交付金補助金に限る。）、確保等対策費（担い手育成・確保等対策地方公共団体整備費補助金に限る。）、集約化等対策費（農地集積・集約化等対策整備交付金及び農業水利施設保全管理整備費補助金及び農業水利等保全管理整備費に限る。）、集約化等対策費（特殊自然災害対策整備交付金に限る。）、国産農産物生産基盤強化等対策費、海岸事業費、国産農産物生産基盤強化等対策費（国産農産物生産基盤強化等対策整備交付金に限る。）、国立研究開発法人農業・食品産業技術総合研究機構施設整備費、独立行政法人家畜改良センター施設整備費、農林水産業環境政策推進費（農業・食品産業環境政策推進費食品産業環境政策推進費（農業・食品産業食料安定供給特別会計へ繰入、農林水産業食料安定供給環境通信環境整備交付金に限る。）、農業農村整備事業費、農業農村整備事業費（農山漁村活性化対策整備交付金及び農山漁村情報通信環境整備交付金に限る。）、農山漁村地域整備事業費、海岸事業費、農業農村整備事業調査諸費、農業施設災害復旧事業費、農業施設災害復旧関連事業費
	農林水産本省検査指導機関	農林水産本省検査指導所施設費
	農林水産技術会議	農林水産技術会議施設費、国立研究開発法人農業・食品産業技術総合研究機構施設整備費、国立研究開発法人国際農林水産業研究センター施設整備費
	地方農政局	地方農政局施設費、海岸事業工事諸費、農業農村整備事業工事諸費、農業農村整備事業工事諸費、農業施設災害復旧事業等工事諸費

所管	組織	項
	北海道農政事務所	北海道農政事務所施設費
	林野庁	林野庁施設費、国立研究開発法人森林研究・整備機構施設整備費、治山事業費、森林整備事業費、森林環境保全整備事業費、森林整備事業費補助、水源林造成事業費補助、後進地域特例法適用団体補助率差額及び美しい森林づくり基盤整備交付金に限る。）、森林整備・林業等振興整備事業費（森林整備・林業等振興対策費、山林施設災害復旧事業費、森林整備事業工事諸費、治山事業工事諸費、山林施設災害復旧事業等工事諸費
	水産庁	船舶建造費、漁村活性化対策費（漁村活性化対策地方公共団体整備費補助金に限る。）、海岸事業費、水産業強化対策費（水産業強化対策整備交付金に限る。）、水産基盤整備費、水産基盤整備調査諸費、水産業強化対策整備事業費、海岸事業工事諸費、漁港施設災害復旧事業費、漁港施設災害復旧事業等関連事業費
経済産業省	経済産業本省	経済産業本省施設費
	経済産業局	経済産業局施設費、工業用水道事業費
国土交通省	国土交通本省	国土交通本省施設費、住宅対策事業費、住宅建設事業費（住宅対策諸費に限る。）、港湾環境整備事業費、道路環境改善事業費、水資源開発事業費、国営公園等事業費、国営公園等維持管理費、営繕宿舎費、国営公園事業及び都市公園事業費補助（国営公園等事業調査費及び都市公園事業費補助に限る。）、都市水環境整備事業費、市街地防災事業費、都市公園防災事業費、水道施設整備費、下水道事業費、河川管理施設整備費、多目的ダム建設事業費、下水道防災事業費、河川整備事業費、防災・減災対策等強化事業推進費、砂防事業費、急傾斜地崩壊対策事業費、道路交通安全対策事業費、道路交通安全施設等整備事業費、海岸事業費、鉄道防災事業費、道路整備事業費、道路更新防災等対策事業費、道路維持管理費、交通安全対策事業費、道路整備事業費補助、総合流域防災事業費、道路交通安全対策事業費補助、道路更新防災等対策事業費、交通安全対策事業費補助、雪寒地域道路事業費補助、交通連携道路事業費補助、道路交通環境整備事業費、道路整備事業後進地域特例法適用団体補助率差額及び道路環境整備事業

所	管	組	織	項
				後進地域特例法適用団体補助率差額に限る。）、港湾事業費（港湾改修費、貸付国有港湾施設整備費、港湾作業船事業費、特定離島港湾維持管理費、営繕宿舎費、港湾事業調査費、港湾改修費補助及び後進地域特例法適用団体補助率差額に限る。）、地域連携道路事業費（地域連携道路事業費、営繕宿舎費、道路調査費、地域連携道路事業費補助、高速道路連結部整備事業費補助、高速道路自動車駐車場整備事業費補助、道路調査費補助及び後進地域特例法適用団体補助率差額に限る。）、整備新幹線建設推進高度化等事業費、整備新幹線整備事業費、都市再生・地域再生整備事業費（都市開発事業調査費、都市再生整備費、市街地再開発事業費補助及び都市再生推進事業費補助に限る。）、都市・地域交通整備事業費、道路交通円滑化事業費（道路交通円滑化事業費、営繕宿舎費、鉄道網整備事業費、都市・地域交通円滑化事業費補助及び後進地域特例法適用団体補助率差額に限る。）、社会資本総合整備費（道路交通円滑化事業費、社会資本整備円滑化地籍整備事業費、離島振興費（小笠原諸島振興開発費補助に限る。）、離島振興事業費、官民連携基盤整備推進調査費、北海道開発事業費（海岸事業費、海岸営繕宿舎費、堰堤維持費、国有林野内治山治山事業費、治山営繕宿舎費、河川維持修繕費、河川工作物関連応急対策事業費、石狩川幾春別川総合開発建設費、道路更新防災対策事業費、総合流域防災事業費、砂防事業費、道路交通円滑化事業費、道路整備費、堰堤改良費、地域連携道路事業費、港湾改修費、港湾作業船整備費、港湾営繕宿舎費、道路交通安全施設等整備事業費、交通事故対策事業費、都市水環境整備費、港湾船舶整備費、交通連携道路事業費、道路環境整備事業費、道路環境営繕宿舎費、国営公園等維持管理費、重点事業道路等整備費、無電柱化推進事業費、国営公園等維持管理費、農用地再編整備事業費、国営公園営繕宿舎費、かんがい排水事業費、国営造成施設整備費、農用地再編整備費、水産基盤整備費、総合農地防災事業費、農業農村整備営繕宿舎費、特定漁港漁場整備事業費、河川事業調査費、水産基盤整備調査費、農業農村整備営繕宿舎費、河川総合開発事業費、河川事業調査費、農業農村整備事業費、道路調査費、港湾事業施設整備営繕宿舎費、総合水系環境整備事業費、農業農村整備事業費補助、治山事業費、海岸保全施設整備事業費、港湾事業施設整備営繕費、治山ダム等建設事業費補助、堰堤改良費

所管	組織	項
		補助、特定洪水対策等推進事業費補助、特定土砂災害対策推進事業費補助、地域連携道路事業費補助、道路更新防災等対策事業費補助、雪寒地域道路事業費補助、港湾改修費補助、交通連携道路整備事業費補助、道路交通安全施設等整備費補助、無電柱化推進事業費補助、住宅市街地総合整備促進事業費補助、都市公園防災事業費補助、上下水道一体効率化・基盤強化施設整備費補助、水道施設整備費補助、諸土地改良事業費補助、土地改良施設管理費補助、農業競争力強化基盤整備事業費補助、中山間総合整備事業費補助、農村整備事業費補助、農村地域防災減災事業費補助、森林環境保全整備事業費補助、水産基盤整備調査費補助、社会資本整備事業費交付金、道路調査費補助、漁村地域整備交付金、美しい森林づくり基盤整備交付金、循環型社会形成推進交付金、農山漁村地域整備交付金、社会資本整備総合交付金（防災・安全交付金に限る。）、北海道特定特別総合開発事業推進費、国立研究開発法人土木研究所施設整備費、国立研究開発法人建築研究所施設整備費、国立研究開発法人海上・港湾・航空技術研究所施設整備費、治水海岸事業調査費、水資源開発事業調査費、港湾空港整備事業調査諸費、道路整備諸費、港湾整備諸費、都市開発資金調査費、都市水環境整備事業調査諸費、住宅建設事業諸費、国営公園等事業諸費、水道施設整備事業調査諸費、下水道事業調査費、河川等復旧事業費、住宅施設災害復旧事業費、鉄道施設災害復旧事業費、河川等災害関連事業費
	国土技術政策総合研究所	国土技術政策総合研究所施設費
	国土地理院	国土地理院施設費
	地方整備局	地方整備局施設費、治水海岸事業工事諸費、道路整備事業工事諸費、港湾空港整備事業工事諸費、都市環境整備事業工事諸費、国営公園等事業工事諸費、河川等災害復旧事業工事諸費
	北海道開発局	北海道開発局施設費、北海道治水海岸事業工事諸費、北海道道路整備事業工事諸費、北海道港湾空港整備事業工事諸費、北海道都市環境整備事業工事諸費、北海道国営公園等事業工事諸費

所　管	組　織	項
	気　象　庁	工事諸費、北海道農業農村整備事業等工事諸費、北海道災害復旧事業等工事諸費 気象官署施設費
	海上保安庁	海上保安官署施設費、船舶建造費、船舶交通安全基盤整備事業費、船舶交通安全基盤整備事業工事諸費
環　境　省	環　境　本　省	環境本省施設費、資源循環政策推進費（廃棄物処理施設整備交付金に限る。）、廃棄物処理施設整備費補助金（廃棄物処理施設整備費補助金に限る。）、環境保全施設整備費、生物多様性保全等推進費（環境保全施設整備費補助金に限る。）、自然公園等事業費、環境保健対策総合推進費（水俣病総合対策施設整備費に限る。）、国立研究開発法人国立環境研究所施設整備費、廃棄物処理施設整備調査諸費、自然公園等事業工事諸費、廃棄物処理施設災害復旧事業費
	地方環境事務所	地方環境事務所施設費
	原子力規制委員会	原子力規制委員会施設費
防　衛　省	防　衛　本　省	防衛本省施設費、防衛力基盤強化施設整備費、艦船建造費、令和2年度潜水艦建造費、令和3年度甲Ⅴ型警備艦建造費、令和3年度潜水艦建造費、令和4年度甲Ⅴ型警備艦建造費、令和4年度潜水艦建造費、令和5年度甲Ⅴ型警備艦建造費、令和5年度潜水艦建造費、令和6年度甲Ⅴ型警備艦建造費、令和6年度甲Ⅵ型警備艦建造費、令和6年度潜水艦建造費
	地方防衛局	地方防衛局施設費
	防衛装備庁	防衛力基盤強化施設整備費

（一時借入金等の最高額）

第8条 「財政法」第7条第3項の規定による財務省証券及び一時借入金の最高額は、20,000,000,000千円とする。

（災害復旧等国庫債務負担行為の限度額）

第9条 「財政法」第15条第2項の規定により令和6年度において災害復旧その他緊急の必要がある場合に国が債務を負担する行為の限度額は、100,000,000千円とする。

（復興費用及び償還費用の財源に充てる収入の範囲）

第10条　「東日本大震災からの復興のための施策を実施するために必要な財源の確保に関する特別措置法」第72条第4項の規定による復興費用及び償還費用の財源に充てる収入の範囲は、次に掲げるとおりとする。

主管	部	款	項
財務省	政府資産整理収入	国有財産処分収入	東日本大震災復興国有財産売払収入
農林水産省	雑収入	諸収入	東日本大震災復興食料安定供給特別会計受入金
			東日本大震災復興公共事業費負担金
国土交通省	政府資産整理収入	回収金等収入	東日本大震災復興貸付金等回収金収入

2　前項に規定するもののほか、「平成23年原子力事故による被害に係る緊急措置に関する法律」第9条第3項の規定による特定原子力損害の賠償請求権その他の国が有する原子力損害に係る求償権若しくは求償権の行使による収入その他原子力事故に起因する収入又は平成23年度の一般会計補正予算（第3号）に計上された復興費用に関連して発生する貸付金等回収金収入、雑納付金、弁償及返納金等があった場合においては、当該収入は、前項に規定する復興費用及び償還費用の財源に充てるものの範囲に属するものとする。

（防衛力整備計画対象経費の財源に充てる収入の範囲）

第11条　「我が国の防衛力の抜本的な強化等のために必要な財源の確保に関する特別措置法」第14条第2項の規定による防衛力整備計画対象経費の財源に充てる収入の範囲は、次に掲げるとおりとする。

主管	部	款	項
財務省	雑収入	諸収入	防衛力強化特別会計受入金
厚生労働省	雑収入	諸収入	防衛力強化特別会計受入金

（損失補償契約等の限度額）

第12条　次の表の左欄に掲げる契約の金額の限度は、令和6年度においてそれぞれ右欄に掲げるとおりとする。

区分	限度	額
「原子力損害賠償補償契約に関する法律」第8条の規定による金額の限度	補償契約金額の合計額	840,000,000千円
「矯正医官修学資金貸与法」第4条の規定による金額の限度	貸与すべき修学資金の総額	7,200
「農業近代化資金融通法」第3条第3項の規定による金額の限度	令和6年度以降22箇年度間を通ずる利子補給金の総額	5,289

区分	限度	金額
「農業改良資金融通法」第 9 条第 3 項の規定による金額の限度	令和 6 年度以降 15 箇年度間を通ずる利子補給金の総額	263,238千円
「農業経営基盤強化促進法」第 14 条の 9 第 3 項の規定による金額の限度	令和 6 年度以降 20 箇年度間を通ずる利子補給金の総額	4,120,933
「農業経営基盤強化促進法」附則第 10 項の規定による金額の限度	令和 6 年度以降 27 箇年度間を通ずる利子補給金の総額	4,847,724
「地域再生法」第 14 条第 2 項の規定による金額の限度	令和 6 年度以降 7 箇年度間を通ずる利子補給金の総額	175,526
「地域再生法」第 15 条第 2 項の規定による金額の限度	令和 6 年度以降 7 箇年度間を通ずる利子補給金の総額	13,000
「総合特別区域法」第 28 条第 2 項の規定による金額の限度	令和 6 年度以降 7 箇年度間を通ずる利子補給金の総額	123,708
「総合特別区域法」第 56 条第 2 項の規定による金額の限度	令和 6 年度以降 7 箇年度間を通ずる利子補給金の総額	280,800
「国家戦略特別区域法」第 28 条第 2 項の規定による金額の限度	令和 6 年度以降 7 箇年度間を通ずる利子補給金の総額	53,200
「展覧会における美術品損害の補償に関する法律」第 5 条の規定による金額の限度	補償評価額総額の合計額	280,000,000
「特定船舶の特定賠償義務履行担保契約等に関する特別措置法」第 7 条の規定による金額の限度	特定保険者交付契約に係る担保上限額の合計額	23,220,326,721
「人工衛星等の打上げ及び人工衛星の管理に関する法律」第 43 条の規定による金額の限度	ロケット落下等損害賠償補償契約に係る契約金額の合計額	2,450,000,000

2 「国際通貨基金及び国際復興開発銀行への加盟に伴う措置に関する法律」第 2 条の 3 の規定により令和 6 年度において国際復興開発銀行に設けられる銀行加盟国の復興又は開発を支援するための基金に充てるための基金に充てるため拠出することができる金額の限度は、外国貨幣換算率により換算した金額が 625,500,000 千円に相当するアメリカ合衆国通貨の金額とする。

3 「アジア開発銀行への加盟に伴う措置に関する法律」第 2 条第 4 項の規定により令和 6 年度においてアジア開発銀行の特別基金に充てるため拠出することができる金額の限度は、外国貨幣換算率により換算した金額が 83,400,000 千円に相当するアメリカ合衆国通貨の金額とする。

4 「国際農業開発基金への加盟に伴う措置に関する法律」第 2 条の規定により令和 6 年度において国際農業開発基金に拠出することができる金額の限度は、6,085,000 千円とする。

5 「欧州復興開発銀行への加盟に伴う措置に関する法律」第 2 条第 2 項の規定により令和 6 年度において欧州復興開発銀行に出資することができる金額の限度は、54,031,100 千円とする。

6 「緑の気候基金への拠出及びこれに伴う措置に関する法律」第 2 条の規定により令和 6 年度において緑の気候基金に拠出することができる金額の限度は、165,000,000 千円とする。

（債務保証契約の限度額）

第13条 次の表の左欄に掲げる法人が令和6年度において負担する債務につき、中欄に掲げる法律の規定により政府が同年度において保証することができる金額の限度は、それぞれ右欄に掲げるとおりとする。

債務	根拠規定	金額の限度
1 株式会社日本政策金融公庫 危機対応円滑化業務に関する社債に係る債務	「株式会社日本政策金融公庫法」第55条第1項	額面総額100,000,000千円及びその利息に相当する金額
2 株式会社国際協力銀行 イ 社債のうち次に掲げるものに係る債務 (1) 外貨をもって支払われるもの	「国際復興開発銀行等からの外資の受入に関する特別措置に関する法律」第2条第2項	(1)に掲げる社債にあっては外貨表示の額面を外国貨幣換算率により換算した金額の総額及び(2)に掲げる社債にあっては本邦通貨表示の額面総額の合計額が1,438,500,000千円に相当するこれらの社債に係る金額並びにその利息及び元本の期限前任意償還に伴い支払うべき加算金その他引受契約に基づき支払うべき手数料等の経費に相当する金額並びに減債基金等に払い込むべき金額に相当する金額
(2) 本邦通貨をもって支払われる社債のうち外国において発行するもの	「株式会社国際協力銀行法」第35条第1項	
ロ 借入金に係る債務で外貨をもって支払われるもの	「株式会社国際協力銀行法」第35条第1項	外貨表示の元本を外国貨幣換算率により換算した金額の総額が40,000,000千円に相当する借入金に係る金額並びにその利息及び元本の期限前任意償還に伴い支払うべき加算金その他借入契約に基づき支払うべき手数料等の経費に相当する金額

債務	根拠規定	金額の限度
3 独立行政法人国際協力機構有償資金協力部門 国際協力機構債券のうち次に掲げるものに係る債務 (1) 外貨をもって支払われるもの (2) 本邦通貨をもって支払われる債券のうち外国において発行するもの	「国際復興開発銀行等からの外資の受入れに関する特別措置に関する法律」第2条第2項 「独立行政法人国際協力機構法」第34条第1項	(1)に掲げる債券にあっては外貨表示の額面を外国貨幣換算率により換算した金額の総額及び(2)に掲げる債券にあっては本邦通貨表示の額面総額の合計額が165,000,000千円に相当するこれらの債券に係る金額並びにその利息及び元本の償還前任意買受消却に伴い支払うべき手数料等の経費その他これに係る金額並びに減債基金等に払い込むべき金額に相当する金額
4 独立行政法人農業者年金基金 借入金に係る債務	「独立行政法人農業者年金基金法」附則第17条第3項	元本金額81,349,942千円及びその利息に相当する金額
5 独立行政法人エネルギー・金属鉱物資源機構 エネルギー・金属鉱物資源債券及び借入金に係る債務	「独立行政法人エネルギー・金属鉱物資源機構法」第15条	額面総額及び元本金額の合計1,993,900,000千円並びにその利息に相当する金額
6 独立行政法人日本高速道路保有・債務返済機構 日本高速道路保有・債務返済機構債券に係る債務	「独立行政法人日本高速道路保有・債務返済機構法」第23条	額面総額1,023,000,000千円及びその利息に相当する金額

債　務	根　拠　規　定	金　額　の　限　度
7　独立行政法人住宅金融支援機構 　住宅金融支援機構債券に係る債務	「独立行政法人住宅金融支援機構法」第 20 条	額面総額 240,000,000 千円及びその利息に相当する金額
8　中間貯蔵・環境安全事業株式会社 　借入金に係る債務	「中間貯蔵・環境安全事業株式会社法」第 17 条	元本金額 1,000,000 千円及びその利息に相当する金額
9　株式会社日本政策投資銀行 イ　社債及び日本政策投資銀行債（ロに掲げるものを除く。）に係る債務 ロ　社債及び日本政策投資銀行債のうち次に掲げるものに係る債務 （1）外貨をもって支払われるもの （2）本邦通貨をもって支払われる社債及び日本政策投資銀行債のうち外国において発行するもの	「株式会社日本政策投資銀行法」第 25 条第 1 項 同　　項	額面総額 230,000,000 千円及びその利息に相当する金額 （1）に掲げる社債及び日本政策投資銀行債にあっては外貨表示の額面の総額を外国通貨換算率により換算した金額の総額並びに（2）に掲げる社債及び日本政策投資銀行債にあっては本邦通貨表示の額面の総額これらの社債及び日本政策投資銀行債に係る金額並びにその利息及び元本の銀行債に係る金額並びにその利息及び元本の期限前任意償還に伴い支払うべき加算金その他引受契約等に基づき支払うべき手数料等の経費に相当する金額並びに減債基金等に払い込むべき金額に相当する金額 （ただし、イの額面総額にあっては 130,000,000 千円、ロの合計額にあっては 220,000,000 千円の範囲内で一方を減算し、当該減算した金額を他方に加算することができることとし、この場合においては、それぞれの額面総額をその額面総額及び合計額とみなす。）

債　　務	根　拠　規　定	金　額　の　限　度
10　株式会社日本貿易保険 社債及び借入金に係る債務	「貿易保険法」第26条第1項	額面総額及び元本金額の合計額1,385,500,000千円並びにその利息に相当する金額
11　預金保険機構 次に掲げる預金保険機構債及び借入金に係る債務		
(1)　「預金保険法」に係る業務（(2)に掲げるものを除く。）に関するもの	「預金保険法」第42条の2	(1)に掲げる預金保険機構債及び借入金の合計額にあっては額面総額及び元本金額の合計額19,000,000,000千円、(2)に掲げる預金保険機構債及び借入金にあっては額面総額及び元本金額の合計額35,000,000,000千円、(3)に掲げる預金保険機構債及び借入金にあっては額面総額及び元本金額の合計額3,000,000,000千円並びに(4)に掲げる預金保険機構債及び借入金にあっては額面総額及び元本金額の合計額15,000,000,000千円並びにそれぞれの利息に相当する金額
(2)　危機対応業務に関するもの	「預金保険法」第126条第2項	
(3)　金融再生業務及び廃止前の「金融機能の安定化のための業務に関する法律」第66条「金融機能の早期健全化のための緊急措置に関する法律」附則第5条第2項に係る業務に関するもの	「金融機能の再生のための緊急措置に関する法律」第66条 「金融機能の早期健全化のための緊急措置に関する法律」附則第5条第2項	
(4)　金融機能強化業務に関するもの	「金融機能の強化のための特別措置に関する法律」第45条	
12　農水産業協同組合貯金保険機構 借入金に係る債務	「農水産業協同組合貯金保険法」第110条第2項	元本金額8,900,000,000千円及びその利息に相当する金額
13　銀行等保有株式取得機構 銀行等保有株式取得機構債及び借入金に係る債務	「銀行等の株式等の保有の制限等に関する法律」第51条	額面総額及び元本金額の合計額20,000,000,000千円並びにその利息に相当する金額

債務	根拠規定	金額の限度
14 株式会社産業革新投資機構 社債及び借入金に係る債務	「産業競争力強化法」	額面総額及び元本額の合計額2,540,000,000千円並びにその利息に相当する金額
15 株式会社地域経済活性化支援機構 社債及び借入金に係る債務	「株式会社地域経済活性化支援機構法」第44条	額面総額及び元本額の合計額3,000,000,000千円並びにその利息に相当する金額
16 原子力損害賠償・廃炉等支援機構 原子力損害賠償・廃炉等支援機構債及び借入金に係る債務	「原子力損害賠償・廃炉等支援機構法」第61条	額面総額及び元本額の合計額4,000,000,000千円並びにその利息に相当する金額
17 株式会社東日本大震災事業者再生支援機構 社債及び借入金に係る債務	「株式会社東日本大震災事業者再生支援機構法」第40条	額面総額及び元本額の合計額50,000,000千円並びにその利息に相当する金額
18 株式会社民間資金等活用事業推進機構 社債及び借入金に係る債務	「民間資金等の活用による公共施設等の整備等の促進に関する法律」第61条	額面総額及び元本額の合計額80,000,000千円並びにその利息に相当する金額
19 株式会社海外需要開拓支援機構 借入金に係る債務	「株式会社海外需要開拓支援機構法」第32条	元本金額34,000,000千円及びその利息に相当する金額
20 株式会社海外交通・都市開発事業支援機構 社債及び借入金に係る債務	「株式会社海外交通・都市開発事業支援機構法」第33条	額面総額及び元本額の合計額65,590,000千円並びにその利息に相当する金額

債　　　　　　務	根　　拠　　規　　定	金　　額　　の　　限　　度
21 電力広域的運営推進機関 電力広域的運営推進機関債及び借入金に係る債務	「電気事業法」第28条の56	額面総額及び元本金額の合計額1,183,000,000千円並びにそれらの利息に相当する金額
22 株式会社海外通信・放送・郵便事業支援機構 社債に係る債務	「株式会社海外通信・放送・郵便事業支援機構法」第33条	額面総額24,000,000千円及びその利息に相当する金額
23 株式会社脱炭素化支援機構 借入金に係る債務	「地球温暖化対策の推進に関する法律」第36条の33	元本金額35,000,000千円及びその利息に相当する金額
24 脱炭素成長型経済構造移行推進機構 脱炭素成長型経済構造移行推進機構債及び借入金に係る債務	「脱炭素成長型経済構造への円滑な移行の推進に関する法律」第66条	額面総額及び元本金額の合計額745,600,000千円並びにそれらの利息に相当する金額
25 社会保険診療報酬支払基金 次に掲げる社会保険診療報酬支払基金債券及び借入金に係る債務 (1) 介護保険関係業務に関するもの (2) 高齢者医療制度関係業務((3)に掲げるものを除く。)に関するもの (3) 高齢者医療制度関係業務のうち後期高齢者医療制度関係業務に関するもの (4) 特定B型肝炎ウイルス感染者給付金等支給関係業務に関するもの	「介護保険法」第169条 「高齢者の医療の確保に関する法律」 同　法 「特定B型肝炎ウイルス感染者給付金等の支給に関する特別措置法」附則第4条第3項	(1)に掲げる社会保険診療報酬支払基金債券及び借入金にあっては額面総額及び元本金額の合計額310,000,000千円、(2)に掲げる社会保険診療報酬支払基金債券及び借入金にあっては額面総額及び元本金額の合計額280,000,000千円、(3)に掲げる社会保険診療報酬支払基金債券及び借入金にあっては額面総額及び元本金額の合計額620,000,000千円

債務	根拠規定	金額の限度
		並びに(4)に掲げる借入金にあっては元本金額169,600,000千円並びにそれぞれの利息に相当する金額
26 「民間都市開発の推進に関する特別措置法」第3条第1項の規定により指定された民間都市開発推進機構 民間都市開発推進債券及び借入金に係る債務	「都市再生特別措置法」第125条第2項	額面総額及び元本金額の合計額60,000,000千円並びにその利息に相当する金額
27 「中部国際空港の設置及び管理に関する法律」第4条第1項の規定により指定された法人 社債に係る債務	「中部国際空港の設置及び管理に関する法律」第8条第1項	額面総額23,500,000千円及びその利息に相当する金額
28 生命保険契約者保護機構 借入金に係る債務	「保険業法」第265条の42の2	元本金額460,000,000千円及びその利息に相当する金額
29 全国健康保険協会 借入金に係る債務	「健康保険法」	元本金額650,000,000千円及びその利息に相当する金額
30 地方公共団体金融機構 地方公共団体金融機構債券に係る債務	「地方公共団体金融機構法」附則第16条第1項	額面総額270,000,000千円及びその利息に相当する金額

2 政府は、予見し難い経済事情の変動その他やむを得ない事由により、前項第1号から第3号までの各号、第6号から第9号までの各号、第26号、第27号若しくは第30号に掲げる法人の事業資金又は借入金、債券及び社債の増額を必要とする資金の増額を必要とする特別の事由がある場合において、当該各号に掲げる法人が法令の規定に従い当該各号に規定する債券、社債又は借入金を増額して発行し又は借り入れるものにつき、その債務を保証する必要があるときは、当該各号の右欄に定める額面総額及び元本金額の合計額は、当該額面総額及び元本金額のそれぞれ100分の50に相当する額の範囲内において、当該額面総額及び元本金額の合計額を増額することができる。

3 第1項第1号から第3号までの各号、第5号から第7号までの各号、第9号から第11号までの各号、第13号から第18号までの各号、第20号から第22号までの各号、第24号から第27号までの各号及び第30号に規定する債券又は社債の発行価格が額面金額を下回るときは、それぞれの発行価格差減額をうめるための法令の規定に従い発行する債券又は社債の額面金額及びその利息に相当する金額及びこれらの債券(期限前任意償還に伴い支払うべき加算金その他引受契約に基づき支払うべき手数料等の経費に相当する金額及び減債基金又は減債基金等に払い込むべき金額を含む。)をこれらの各号に定める限度額(前項の規定により額面総額及び元本金額の合計額が増額された場合には、当該増額された後の金額)に加算した金額をそれぞれの限度額とする。

(予算の移替え等)

第14条 行政組織に関する法令の改廃等による職務権限の変更等に伴い、予算の執行に関し、「甲号歳入歳出予算」、「乙号継続費」、「丙号繰越明許費」及び「丁号国庫債務負担行為」における主管、所管及び組織の区分によることができない場合においては、主管、所管若しくは組織の設置、廃止若しくは名称の変更を行い、又は主管、所管若しくは組織の間において予算の移替えをすることができる。

2 行政組織に関する法令の改廃等に伴い、この予算の主管又は所管、組織若しくは項に用いられている行政機関の名称が実際の行政機関の名称と対応しないこととなった場合においても、その主管又は所管、組織若しくは項に係る予算は、その目的の実質に従い、そのまま執行することができる。

第15条 次の表の左欄に掲げる所管及び中欄に掲げる組織のそれぞれの右欄に掲げる組織のそれぞれの項の予算を使用する場合においては、その実施にあたる各省各庁所管の当該組織にその必要とする予算の移替えをすることができる。

所管	組織	項
内閣府	内閣本府	沖縄振興交付金事業推進費、沖縄北部連携促進特別振興事業費、沖縄教育振興事業費、沖縄北部連携促進特別振興事業費、沖縄国立大学法人施設整備費、沖縄開発諸費、沖縄開発事業費、沖縄北部連携促進特別振興対策特定開発事業推進費
	地方創生推進事務局	総合特区推進調整費、地方創生基盤整備事業費、特定地域づくり事業推進費

所管	組織	項
デジタル庁	科学技術・イノベーション推進事務局	科学技術イノベーション創造推進費
	宇宙開発戦略推進事務局	宇宙開発利用推進費
	こども家庭庁	大学等修学支援費
財務省	デジタル庁	情報通信技術等調達適正・効率化推進費
	財務本省	特定国有財産整備費（「官公庁施設の建設等に関する法律」第10条の規定により国土交通大臣が行うものに限る。）
文部科学省	文部科学本省	南極地域観測事業費
国土交通省	国土交通本省	水資源開発事業費、防災・減災対策等強化事業推進費、離島振興事業費、北海道開発事業費、北海道特定特別総合開発事業推進費
	観光庁	国際観光旅客税財源観光振興費
環境省	環境本省	地球環境保全等試験研究費
	原子力規制委員会	放射能調査研究費

（予算の移用）

第16条　「財政法」第33条第1項ただし書の規定により移用することができる場合は、第1表の各号に掲げる各組織の経費の金額を当該各組織の間において相互に移用する場合、第2表の各号に掲げる各項の経費の金額を当該各項の間において相互に移用する場合及び第3表の各号に掲げる各組織の経費の金額又は各項の経費の金額を当該各組織又は各項の間において相互に移用する場合とする。

第1表　各組織の間の移用

所管	組織	移用することができる組織（括弧書は当該組織の経費を示す。）
1	内閣府	内閣府（沖縄開発事業費、航空機燃料税財源沖縄空港整備事業費自動車安全特別会計へ繰入）と沖縄総合事務局（沖縄治水事業工事諸費、沖縄道路事業工事諸費、沖縄港湾空港整備事業工事諸費、沖縄道路整備環境整備事業工事諸費、沖縄国営公園事業工事諸費、沖縄農業農村整備事業工事諸費）
2	農林水産省	農林水産本省（海岸事業費、農業農村整備事業費）と地方農政局（海岸事業費、農業農村整備事業費）
3	国土交通省	イ　国土交通本省（港湾環境整備事業費、道路環境改善事業費、国営公園等事業費、都市水環境整備事業費、河川整備事業費、砂防事業費、海岸事業費、道路交通安全対策事業費、港湾等事業費、多目的ダム建設事業費、総合流域防災事業費、港湾整備事業費、海岸事業費、道路交通安全対策事業費、港湾等事業

所管 | | 移用することができる組織（括弧書は当該組織の経費を示す。）

業費、地域連携道路事業費、航空機燃料税財源自動車安全特別会計へ繰入、道路交通円滑化事業費）と国土技術政策総合研究所（治水海岸事業工事諸費、道路整備事業工事諸費、港湾空港整備事業工事諸費）及び地方整備局（治水海岸事業工事諸費、道路整備事業工事諸費、港湾空港整備事業工事諸費、都市環境整備事業工事諸費、国営公園等事業工事諸費）の各組織
ロ　国土交通本省（航空機燃料税財源北海道空港整備事業費自動車安全特別会計へ繰入、北海道開発事業費）と北海道開発局（北海道治水海岸事業工事諸費、北海道道路整備事業工事諸費、北海道港湾空港整備事業工事諸費、北海道農業農村整備事業工事諸費、北海道国営公園等事業工事諸費、北海道災害復旧事業工事諸費、北海道都市環境整備事業工事諸費）

第2表　各項の移用

所管	組織	移用することができる項
1　内閣府	沖縄総合事務局	沖縄治水事業工事諸費、沖縄道路整備事業工事諸費、沖縄港湾空港整備事業工事諸費、沖縄国営公園事業費及び沖縄農業農村整備事業工事諸費の各項
2　農林水産省	農林水産本省	農業施設災害復旧事業費と農業施設災害関連事業費
	地方農政局	海岸事業工事諸費と農業農村整備事業工事諸費の各項
	林野庁	イ　治山事業費と治山事業工事諸費 ロ　森林整備事業費と森林整備事業工事諸費 ハ　山林施設災害復旧事業費、山林施設災害関連事業費及び山林施設災害復旧関連事業費の各項
	水産庁	イ　水産基盤整備費と水産基盤整備事業工事諸費 ロ　漁港施設災害復旧事業費と漁港施設災害関連事業費
3　国土交通省	国土交通本省	河川等災害復旧事業費と河川等災害関連事業費
	国土技術政策総合研究所	治水海岸事業工事諸費、道路整備事業工事諸費及び港湾空港整備事業工事諸費の各項
	地方整備局	治水海岸事業工事諸費、道路整備事業工事諸費、港湾空港整備事業工事諸費、都市環境整備事業工事諸費、国営公園等事業工事諸費及び河川等災害復旧事業工事諸費の各項

所管	組織	移用することができる項
環境省	北海道開発局	北海道治水海岸事業工事諸費、北海道道路整備事業工事諸費、北海道港湾空港整備事業工事諸費、北海道都市環境整備事業工事諸費、北海道国営公園等事業工事諸費、北海道農業農村整備事業等工事諸費及び北海道災害復旧事業等整備事業工事諸費の各項
	海上保安庁	船舶交通安全基盤整備事業費と船舶交通安全基盤整備事業工事諸費
	環境本省	自然公園等事業費と自然公園等事業費

4表 各組織の間又は各項の間の移用

1 予定経費要求書に予定した職員基本給、政府開発援助職員基本給、職員諸手当、政府開発援助職員諸手当、超過勤務手当及び退職手当の各経費の金額に過不足を生じた場合におけるこれらの経費に係る各組織又は各項

2 予定経費要求書に予定した赴任旅費の経費の金額に過不足を生じた場合における当該経費に係る各組織又は各項

(原油価格・物価高騰対策及び賃上げ促進環境整備予備費の使用)
第17条 「甲号歳入歳出予算」に計上した原油価格・物価高騰対策及び賃上げ促進環境整備対応予備費は、原油価格、物価高騰・物価高騰対策に伴うエネルギー、原材料、食料等の安定供給対策及び物価高騰の下での賃金の引上げの促進に向けた環境整備に要する経費その他の物価高騰に係る経費に要する緊急を要する経費以外には使用しないものとする。

(俸給予算等の制限)
第18条 俸給予算の執行に当たっては、予定経費要求書に掲げる各省各庁の職員予定員及び俸給額表に掲げる各省各庁の職員予定員及び俸給額表によるものとし、当該経費の金額の範囲内であっても、当該予定員の増加又は俸給額の増額をみだりに行ってはならない。

(消費税の収入が充てられる経費の範囲)
第19条 消費税の収入が充てられる経費(地方交付税交付金を除く。)の範囲は、次に掲げるとおりとする。

所管	組織	項
国会	衆議院	衆議院(児童手当、基礎年金等国家公務員共済組合負担金及び育児休業手当金国家公務員共済組合負担金及び育児休業手当金共済組合負担金に限る。)
	参議院	参議院(児童手当、基礎年金等国家公務員共済組合負担金及び育児休業手当金国家公務員共済組合負担金及び育児休業手当金共済組合負担金に限る。)
	国立国会図書館	国立国会図書館(児童手当、基礎年金等国家公務員共済組合負担金及び育児休業手当金国

所	管	組		織	項
裁	判	所	裁判官訴追委員会	裁判官訴追委員会	家公務員共済組合負担金に限る。)
			裁判官弾劾裁判所	裁判官弾劾裁判所	裁判官弾劾裁判所（児童手当に限る。）
会	計	検	査	院	会計検査院（児童手当、基礎年金等国家公務員共済組合負担金及び育児休業手当金国家公務員共済組合負担金に限る。）
内			閣	官 房	内閣官房共通費（児童手当、基礎年金等国家公務員共済組合負担金及び育児休業手当金国家公務員共済組合負担金に限る。）
				内 閣 法 制 局	内閣法制局（児童手当に限る。）
				人 事 院	人事院（児童手当、基礎年金等国家公務員共済組合負担金及び育児休業手当金国家公務員共済組合負担金に限る。）
内			閣	府	内閣本府共通費（児童手当、基礎年金等国家公務員共済組合負担金に限る。）、経済社会総合研究所（児童手当に限る。）
				地方創生推進事務局	地方創生推進事務局（児童手当に限る。）
				知的財産戦略推進事務局	知的財産戦略推進事務局（児童手当に限る。）
				科学技術・イノベーション推進事務局	科学技術・イノベーション推進事務局（児童手当に限る。）
				健康・医療戦略推進事務局	健康・医療戦略推進事務局（児童手当に限る。）
				宇宙開発戦略推進事務局	宇宙開発戦略推進事務局（児童手当に限る。）
				総合海洋政策推進事務局	総合海洋政策推進事務局（児童手当に限る。）
				国際平和協力本部	国際平和協力本部（児童手当に限る。）
				日本学術会議	日本学術会議（児童手当に限る。）
				官民人材交流センター	官民人材交流センター（児童手当に限る。）
				沖縄総合事務局	沖縄総合事務局（児童手当に限る。）

所管	組織	項
	宮　内　庁	宮内庁（児童手当、基礎年金等国家公務員共済組合負担金及び育児休業手当金国家公務員共済組合負担金に限る。）
	公正取引委員会	公正取引委員会（児童手当、基礎年金等国家公務員共済組合負担金及び育児休業手当金国家公務員共済組合負担金に限る。）
	警　察　庁	警察庁共通費（児童手当に限る。）、皇宮警察本部（児童手当に限る。）、科学警察研究所（児童手当に限る。）
	個人情報保護委員会	個人情報保護委員会（児童手当に限る。）
	カジノ管理委員会	カジノ管理委員会（児童手当、基礎年金等国家公務員共済組合負担金に限る。）
	金　融　庁	金融庁共通費（児童手当、基礎年金等国家公務員共済組合負担金に限る。）
	消　費　者　庁	消費者庁共通費（児童手当に限る。）
	こ　ど　も　家　庭　庁	こども家庭庁共通費（児童手当に限る。）、母子保健衛生対策費（母子保健衛生医療費負担金に限る。）、子ども・子育て支援年金特別会計へ繰入（児童手当等特別会計へ繰入、子ども・子育て支援年金特別会計へ繰入に限る。）、子どものための教育・保育給付等年金特別会計へ繰入に限る。）、児童虐待防止等対策費（児童手当、児童保護費負担金及び児童保護費負担金、児童保護指導等旅費、入所児童就学費、入所児童食糧費に限る。）、国立児童自立支援施設（児童手当、児童自立支援指導費（児童手当に限る。）、障害児支援等対策費（障害児入所給付費及び児童食糧費に限る。）、児童自立支援庁費及び児童食糧費に限る。）、障害児支援等対策費（障害児入所医療費負担金に限る。）、大学修学等支援費
デ　ジ　タ　ル　庁	デ　ジ　タ　ル　庁	デジタル庁共通費（児童手当、基礎年金等国家公務員共済組合負担金及び育児休業手当金国家公務員共済組合負担金に限る。）
総　務　省	総　務　本　省	総務本省共通費（児童手当、基礎年金等国家公務員共済組合負担金に限る。）、恩給費（児童手当に限る。）
	管区行政評価局	管区行政評価局共通費（児童手当に限る。）
	総　合　通　信　局	総合通信局共通費（児童手当に限る。）

所管	組織	項
法務省	公害等調整委員会	公害等調整委員会（児童手当に限る。）
	消防庁	消防庁共通費（児童手当に限る。）
	法務本省	法務本省共通費（児童手当、基礎年金等国家公務員共済組合負担金及び育児休業手当金国家公務員共済組合負担金に限る。）
	法務総合研究所	法務総合研究所共通費（児童手当に限る。）
	検察庁	検察官署共通費（児童手当に限る。）
	矯正官署	矯正官署共通費（児童手当に限る。）
	更生保護官署	更生保護官署共通費（児童手当に限る。）
	法務局	法務局共通費（児童手当に限る。）
	出入国在留管理庁	出入国在留管理庁共通費（児童手当に限る。）
	公安審査委員会	公安審査委員会（児童手当に限る。）
	公安調査庁	公安調査庁共通費（児童手当に限る。）
外務省	外務本省	外務本省共通費（児童手当、基礎年金等国家公務員共済組合負担金及び育児休業手当金国家公務員共済組合負担金に限る。）
財務省	財務本省	財務本省共通費（児童手当、基礎年金等国家公務員共済組合負担金及び育児休業手当金国家公務員共済組合負担金に限る。）、国債費（年金特例公債償還財源等国債整理基金特別会計へ繰入に限る。）、国家公務員共済組合連合会等助成費（基礎年金等国家公務員共済組合連合会等日本郵政共済組合負担金に限る。）
	財務局	財務局共通費（児童手当に限る。）
	税関	税関共通費（児童手当に限る。）
	国税庁	国税庁共通費（児童手当、基礎年金等国家公務員共済組合負担金及び育児休業手当金国家公務員共済組合負担金に限る。）、国税不服審判所公務員共済組合負担金に限る。）
文部科学省	文部科学本省	文部科学本省共通費（児童手当、基礎年金等国家公務員共済組合負担金及び育児休業手当金国家公務員共済組合負担金に限る。）、私立学校振興費日本私立学校振興・共済事業団補助金に限る。）

所管	組織	項
	文部科学省本省所轄機関	国立教育政策研究所（児童手当に限る。）、科学技術・学術政策研究所（児童手当に限る。）、日本学士院（児童手当に限る。）
	スポーツ庁	スポーツ庁共通費（児童手当に限る。）
	文化庁	文化庁共通費（児童手当に限る。）、日本芸術院（児童手当に限る。）
厚生労働省	本省	厚生労働本省共通費（児童手当、基礎年金等国家公務員共済組合負担金及び育児休業手当金、国家公務員共済組合負担金、感染症対策費、結核医療費補助金、結核医療費負担金及び感染症医療費負担金、特定疾患等対策費（難病医療費等負担金、小児慢性特定疾病医療費負担金及び小児慢性特定疾病児童等自立支援事業費負担金に限る。）、原爆被爆者等援護対策費（原爆被爆者医療に限る。）、医療提供体制基盤整備費（医療提供体制改革推進交付金及び医療提供体制設備整備費に限る。）、医療給付諸費（全国健康保険協会保険給付費等補助金、全国健康保険協会後期高齢者医療費支援金補助金、国民健康保険組合負担金、国民健康保険組合後期高齢者医療費支援金補助金、後期高齢者医療費等負担金、健康保険給付費等負担金、国民健康保険組合連合会交付金交付事業費負担金、後期高齢者医療給付費等負担金、医療保険療養給付費等負担金、国民健康保険後期高齢者医療費支援金、国民健康保険財政調整交付金、国民健康保険財政調整交付金及び国民健康保険保険者努力支援交付金に限る。）、麻薬・覚醒剤等対策費（麻薬中毒者措置入院費負担金に限る。）、職務上年金給付費特別会計へ繰入、失業等給付費等労働保険特別会計へ繰入（育児休業給付金及び介護扶助費等負担金に限る。）、特別障害給付金給付費等労働保険特別会計へ繰入（医療扶助費等負担金に限る。）、生活保護等対策費（医療扶助費等負担金及び障害者措置入院費負担金及び障害給付金給付費に限る。）、公的年金制度等運営諸費（年金生活者支援給付金に限る。）、精神障害者措置入院費補助金、精神障害者措置入院費負担金、障害保健福祉費（心神喪失者等医療観察法入院費負担金及び障害者措置入院費給付金給付費に限る。）、年金給付費等特別会計へ繰入、公的年金制度整備費、私的年金制度整備費（国民年金基金等給付費負担金に限る。）、高齢者日常生活支援等推進費（地域支援事業交付金及び重層的支援体制整備事業費に限る。）、介護保険制度運営推進費（全国健康保険協会介護納付金補助金、国…

所管	組織	項
	検疫所	民健康保険組合介護納付金補助金, 介護給付費等負担金, 国民健康保険介護納付金負担金, 介護給付費財政調整交付金, 国民健康保険介護納付金財政調整交付金, 医療介護提供体制改革推進交付金及び介護保険保険者努力支援交付金に限る。) 検疫所共通費(児童手当に限る。)
	国立ハンセン病療養所	国立ハンセン病療養所共通費(児童手当に限る。)
	厚生労働本省試験研究機関	厚生労働本省試験研究機関共通費(児童手当に限る。)
	国立障害者リハビリテーションセンター	国立障害者リハビリテーションセンター共通費(児童手当に限る。)
	地方厚生局	地方厚生局共通費(児童手当に限る。)
	都道府県労働局	都道府県労働局共通費(児童手当に限る。)
	中央労働委員会	中央労働委員会共通費(児童手当に限る。)
農林水産省	農林水産本省	農林水産本省共通費(児童手当, 基礎年金等国家公務員共済組合負担金及び育児休業手当, 金国家公務員共済組合負担金(児童手当に限る。)、農林水産政策研究所(児童手当に限る。)
	農林水産本省検査指導機関	農林水産本省検査指導所(児童手当に限る。)
	農林水産本省技術会議	農林水産技術会議共通費(児童手当に限る。)
	地方農政局	地方農政局共通費(児童手当に限る。)
	北海道農政事務所	北海道農政事務所(児童手当に限る。)
	林野庁	林野庁共通費(児童手当, 基礎年金等国家公務員共済組合負担金及び育児休業手当国家公務員共済組合負担金に限る。)
	水産庁	水産庁共通費(児童手当に限る。)
経済産業省	経済産業本省	経済産業本省共通費(児童手当, 基礎年金等国家公務員共済組合負担金及び育児休業手当、国家公務員共済組合負担金に限る。)
	経済産業局	経済産業局(児童手当に限る。)
	産業保安監督署	産業保安監督署(児童手当に限る。)
	資源エネルギー庁	資源エネルギー庁共通費(児童手当に限る。)
	中小企業庁	中小企業庁共通費(児童手当に限る。)

所管	組織	項
国土交通省	国土交通本省	国土交通本省共通費（児童手当、基礎年金等国家公務員共済組合負担金及び育児休業手当金国家公務員共済組合負担金に限る。）
	国土技術政策総合研究所	国土技術政策総合研究所共通費（児童手当に限る。）
	国土地理院	国土地理院共通費（児童手当に限る。）
	海難審判所	海難審判所共通費（児童手当に限る。）
	地方整備局	地方整備局共通費（児童手当に限る。）
	北海道開発局	北海道開発局共通費（児童手当に限る。）
	地方運輸局	地方運輸局共通費（児童手当に限る。）
	地方航空局	地方航空局共通費（児童手当に限る。）
	観光庁	観光庁共通費（児童手当に限る。）
	気象庁	気象官署共通費（児童手当に限る。）、気象研究所（児童手当に限る。）
	運輸安全委員会	運輸安全委員会共通費（児童手当に限る。）
	海上保安庁	海上保安庁共通費（児童手当に限る。）
環境省	環境本省	環境本省共通費（児童手当、基礎年金等国家公務員共済組合負担金及び育児休業手当金国家公務員共済組合負担金に限る。）
	地方環境事務所	地方環境事務所共通費（児童手当に限る。）、環境調査研修所（児童手当に限る。）
	原子力規制委員会	原子力規制委員会共通費（児童手当に限る。）
防衛省	防衛本省	防衛本省共通費（児童手当、基礎年金等国家公務員共済組合負担金及び育児休業手当金国家公務員共済組合負担金に限る。）
	地方防衛局	地方防衛局共通費（児童手当に限る。）
	防衛装備庁	防衛装備庁共通費（児童手当に限る。）

2 前項に規定する児童手当は、「子ども・子育て支援法等の一部を改正する法律」（仮称）による改正後の「児童手当法」の規定による児童手当とする。

令和6年度特別会計予算

予算総則

（歳入歳出予算）

第1条　次に掲げる各特別会計の令和6年度歳入歳出予算は、「甲号歳入歳出予算」に掲げるとおりとする。

内閣府、総務省及び財務省所管　　交付税及び譲与税配付金

財務省所管　　地震再保険

　　国債整理基金

　　外国為替資金

財務省及び国土交通省所管　　財政投融資

内閣府、文部科学省、経済産業省及び環境省所管　　エネルギー対策

厚生労働省所管　　労働保険

内閣府及び厚生労働省所管　　年金

農林水産省所管　　食料安定供給

　　国有林野事業債務管理

経済産業省所管　　特許

国土交通省所管　　自動車安全

国会、裁判所、会計
検査院、内閣、内閣
府、デジタル庁、復興
庁、総務省、法務
省、外務省、財務
省、文部科学省、厚
生労働省、農林水産
省、経済産業省、国
土交通省、環境省及
び防衛省所管

東　日　本　大　震　災　復　興

（繰越明許費）

第2条　各特別会計において、「財政法」第14条の3の規定により翌年度に繰り越して使用することができる経費は、「丙号繰越明許費」に掲げるとおりとする。

（国庫債務負担行為）

第3条　各特別会計において、「財政法」第15条第1項の規定により令和6年度において国が債務を負担する行為は、「丁号国庫債務負担行為」に掲げるとおりとする。

（歳入歳出予算等の内訳）

第4条　「特別会計に関する法律」第5条第2項の規定により、各特別会計の「歳入歳出予定計算書」、「繰越明許費要求書」及び「国庫債務負担行為要求書」は、別に添付する。

（国債整理基金特別会計における日本銀行引受公債の限度額）

第5条　国債整理基金特別会計において、「財政法」第5条ただし書の規定により政府が令和6年度において発行する公債を日本銀行に引き受けさせることができる金額は、同行の保有する公債の借換えのために必要な金額とする。

（災害復旧等国庫債務負担行為の限度額）

第6条　自動車安全特別会計空港整備勘定において、「財政法」第15条第2項の規定により令和6年度において災害復旧その他緊急の必要がある場合に国が債務を負担する行為の限度額は、2,000,000千円とする。

— 35 —

（借入金等の限度額）

第7条 次の表の左欄に掲げる各特別会計の「特別会計に関する法律」第13条第2項の規定による借入金の限度額は、それぞれ右欄に掲げるとおりとする。

特 別 会 計	限 度	額
交付税及び譲与税配付金		28,112,295,408千円
食 料 安 定 供 給	国営土地改良事業勘定	700,000
国有林野事業債務管理		314,300,000
自 動 車 安 全	空 港 整 備 勘 定	36,000,000

2 エネルギー対策特別会計エネルギー需給勘定における「特別会計に関する法律」第13条第2項及び第94条第2項の規定による借入金及び証券の限度額は、1,568,100,000千円とする。

3 エネルギー対策特別会計原子力損害賠償支援勘定における「特別会計に関する法律」第13条第2項及び第94条第4項の規定による借入金及び証券の限度額は、12,594,500,000千円とする。

4 食料安定供給特別会計食糧管理勘定における「特別会計に関する法律」第136条第1項の規定による証券の限度額は、399,600,000千円とする。

（一時借入金等の限度額）

第8条 次の表の左欄に掲げる各特別会計の「特別会計に関する法律」第15条第2項及び第83条第2項の規定による一時借入金、融通証券及び繰替金の限度額は、それぞれ右欄に掲げるとおりとする。

特 別 会 計	限 度	額
交付税及び譲与税配付金		28,112,295,408千円
国 債 整 理 基 金		10,000,000,000
外 国 為 替 資 金		195,000,000,000
エ ネ ル ギ ー 対 策	エネルギー需給勘定	1,560,200,000
	原子力損害賠償支援勘定	2,274,500,000
年 金	健 康 勘 定	1,442,480,055
食 料 安 定 供 給	食 糧 管 理 勘 定	399,600,000
国有林野事業債務管理		96,100,000
自 動 車 安 全	空 港 整 備 勘 定	10,000,000
東 日 本 大 震 災 復 興		550,000,000

2 財政投融資特別会計財政融資資金勘定における「財政融資資金法」第9条第2項の規定による一時借入金及び融通証券の限度額は、15,000,000,000千円とする。

（翌年度における国債の整理又は償還のための借換国債発行の限度額）

第9条 国債整理基金特別会計において、「特別会計に関する法律」第47条第1項の規定により令和6年度において翌年度における国債の整理又は償還のため借換国債を発行することができる限度額は、44,500,000,000千円とする。

2 前項に規定する借換国債の発行価格が額面金額を下回るときは、その発行価格差減額を同項の限度額に加算した金額を限度額とする。

（財政投融資特別会計財政融資資金勘定における公債発行の限度額）

第10条 財政投融資特別会計財政融資資金勘定において、「特別会計に関する法律」第62条第2項の規定による令和6年度において公債を発行することができる限度額は、10,000,000,000千円とする。ただし、第22条第3項の規定により財政融資資金の長期運用予定額を増額したときは、その増額した金額の範囲内において、公債発行の限度額を増額することができる。

2 前項に規定する公債で外貨をもって支払われるもの（以下「外貨公債」という。）がある場合における同項の限度額の規定の適用については、当該外貨公債の外貨表示の額面金額を外国貨幣換算率（アメリカ合衆国通貨にあっては、令和4年11月1日から令和5年10月31日までの間における実勢相場を平均した為替相場（その相場に1円未満の端数があるときは、これを四捨五入する。）をいい、アメリカ合衆国通貨以外の通貨にあっては、同期間における当該通貨のアメリカ合衆国通貨に対する市場実勢を当該為替相場をもって裁定した為替相場（その相場に1円未満の端数があるときは、これを四捨五入する。ただし、1通貨単位について10円未満となる通貨にあっては、1,000通貨単位について1円未満の端数を四捨五入する。）をいう。）により換算した金額によるものとする。この場合において、当該外貨公債の発行に係る本邦通貨による収入額が、前項の規定により算出して得た額を上回るとき又は下回るときは、それぞれの差増額又は差減額に相当する金額を前項の限度額（同項ただし書の規定により限度額が増額された場合には、当該増額された後の限度額）に減算又は加算した金額を同項の限度額とする。

3 第1項に規定する公債（外貨公債を除く。）の発行価格が額面金額を下回るときは、その発行価格差減額を同項の限度額（同項ただし書の規定により限度額が増額された場合及び前項後段の規定により減算又は加算された場合には、当該増額及び減算又は加算された後の限度額）に加算した金額を第1項の限度額とする。

（エネルギー対策特別会計電源開発促進勘定の電源開発促進税収入の各対策への帰属）

第11条 「特別会計に関する法律」第91条第1項の規定により、電源立地対策に充てるための令和6年度にエネルギー対策特別会計電源開発促進勘定に繰り入れる金額は、同項に規定する同勘定への繰入相当額（同年度の電源開発促進税収入について算出した金額を控除した金額をいう。）及び雑収入の見込額との差額に相当する金額とする。

2 「特別会計に関する法律」第91条第1項の規定により、電源利用対策に充てるための令和6年度にエネルギー対策特別会計電源開発促進勘定に繰り入れる金額は、同項に規定する同勘定への繰入相当額（同年度の電源開発促進税収入について算出した金額を控除した金額をいう。）及び雑収入の見込額との差額に相当する金額とする。

3 「特別会計に関する法律」第91条第1項の規定により、原子力安全規制対策に充てるための令和6年度にエネルギー対策特別会計電源開発促進勘定に繰り入れる金額は、同項に規定する同勘定への繰入相当額（同年度の電源開発促進税収入について算出した金額を控除した金額をいう。）及び雑収入の見込額との差額に相当する金額とする。

（決算上の剰余金の一般会計の歳入への繰入れ）

第12条 「特別会計に関する法律」第8条第2項の規定により令和6年度において外国為替資金特別会計の歳入に繰り入れる金額は、2,013,332,290千円とする。

2 「東日本大震災に対処するための特別の財政援助及び助成に関する法律」第34条第2項の規定により令和6年度において食料安定供給特別会計漁船再保険勘定から一般会計の歳入に繰り入れる金額は、1,880,933千円とする。

（エネルギー対策特別会計エネルギー需給勘定における公債発行の限度額）

第13条 エネルギー対策特別会計エネルギー需給勘定において、「脱炭素成長型経済構造への円滑な移行の推進に関する法律」第7条第1項の規定により令和6年度において公債を発行することができる限度額は、663,280,984千円とする。

2 前項に規定する公債の発行価格が額面金額を下回るときは、その発行価格差減額をうめるため必要な金額を同項の限度額に加算した金額を同項の限度額とする。

― 38 ―

（脱炭素成長型経済構造移行費用の範囲）

第14条 「脱炭素成長型経済構造への円滑な移行の推進に関する法律」第7条第2項の規定による脱炭素成長型経済構造への円滑な移行の推進に要する費用の範囲は、次に掲げるとおりとする。

特 別 会 計	勘 定	項
エネルギー対策	エネルギー需給	脱炭素成長型経済構造移行推進対策費、脱炭素成長型経済構造移行推進国立研究開発法人新エネルギー・産業技術総合開発機構運営費、脱炭素成長型経済構造移行推進機構出資、脱炭素成長型経済構造移行推進電源開発促進勘定へ繰入、脱炭素成長型経済構造移行推進公債事務取扱費一般会計へ繰入、脱炭素成長型経済構造移行推進国債整理基金特別会計へ繰入
	電源開発促進	諸支出金、脱炭素成長型経済構造移行推進諸支出金
		脱炭素成長型経済構造移行推進対策費、脱炭素成長型経済構造移行推進諸支出金

（年金特別会計子ども・子育て支援勘定における公債発行の限度額）

第15条 年金特別会計子ども・子育て支援勘定において、「子ども・子育て支援法等の一部を改正する法律」（仮称）による改正後の「子ども・子育て支援法」の規定により令和6年度において公債を発行することができる限度額は、221,895,786千円とする。

2 前項に規定する公債の発行価格が額面金額を下回るときは、その発行価格差減額を同項の限度額に加算した金額を同項の限度額とする。

（東日本大震災復興特別会計における公債発行の限度額）

第16条 東日本大震災復興特別会計において、「東日本大震災からの復興のための施策を実施するために必要な財源の確保に関する特別措置法」第69条第4項の規定により令和6年度において公債を発行することができる限度額は、146,100,000千円とする。

2 前項に規定する公債の発行価格が額面金額を下回るときは、その発行価格差減額を同項の限度額に加算した金額を同項の限度額とする。

（復興費用及び償還費用の財源に充てる収入の範囲）

第17条 「東日本大震災からの復興のための施策を実施するために必要な財源の確保に関する特別措置法」第72条第4項の規定による復興費用及び償還費用の財源に充てる収入の範囲は、次に掲げるとおりとする。

特 別 会 計	款	項
国債整理基金	配 当 金 収 入	東日本大震災復興配当金収入
	運 用 収 入	東日本大震災復興運用収入
	雑 収 入	東日本大震災復興雑収入

特別会計	款	項
東日本大震災復興	他会計より受入	特別会計より受入
	公共事業費負担金収入	公共事業費負担金収入
	雑収入	事故由来放射性物質汚染対処費回収金収入
		貸付金等回収金収入
		雑納付金
		雑収入

2　前項に規定するもののほか、東日本大震災復興特別会計においては、東日本大震災復興特別会計に属する「平成23年原子力事故による被害に係る緊急措置に関する法律」第9条第3項の規定による特定原子力損害の賠償請求権その他の国が有する原子力損害に係る請求権若しくは求償権の行使による収入その他の原子力事故に起因する収入又は復興費用に関連して発生する貸付金等回収金収入、雑納付金、弁償及返納金等回収金等収入があった場合においては、当該収入は、前項に規定する復興費用及び償還費用の財源に充てる収入の範囲に属するものとする。

（復興費用の範囲）

第18条　「東日本大震災からの復興のための施策を実施するために必要な財源の確保に関する特別措置法」第69条第5項の規定による復興費用の範囲は、「甲号歳入歳出予算」における東日本大震災復興特別会計の歳出（復興債費（復興債償還費用に限る。）を除く。）に掲げるとおりとする。

（特別資金援助に係る国債発行の限度額）

第19条　エネルギー対策特別会計原子力損害賠償支援勘定において、「原子力損害賠償・廃炉等支援機構法」第48条第2項の規定により原子力損害賠償・廃炉等支援機構が特別資金援助に係る資金交付を行うために必要となる国債の金額の限度は、1,900,000,000千円とする。

（利子補給契約の限度額）

第20条　東日本大震災復興特別会計において、「東日本大震災復興特別区域法」第44条第2項の規定による令和6年度の利子補給契約に係る同年度以降7箇年度間を通ずる利子補給金の総額の限度は、1,089,849千円とする。

（再保険契約の限度額）

第21条　地震再保険特別会計において、「地震保険に関する法律」第3条第3項の規定による令和6年度の1回の地震等により支払うべき再保険金の総額の限度は、11,658,600,000千円とする。

（財政融資資金の長期運用予定額）

第22条　令和6年度における「財政融資資金の長期運用に対する特別措置に関する法律」第2条第1項に規定する財政融資資金の長期運用予定額は、次の表の左欄に掲げる区分ごとに、それぞれ右欄に掲げるとおりとする。

区分		長期運用予定額
1	（国 の 機 関） エ ネ ル ギ ー 対 策 特 別 会 計	7,900,000千円
2	食 料 安 定 供 給 特 別 会 計	700,000
3	自 動 車 安 全 特 別 会 計	36,000,000
4	（政 府 関 係 機 関） 沖 縄 振 興 開 発 金 融 公 庫	194,600,000
5	株 式 会 社 日 本 政 策 金 融 公 庫	4,007,500,000
6	株 式 会 社 国 際 協 力 銀 行	400,000,000
7	独 立 行 政 法 人 国 際 協 力 機 構	1,477,000,000
8	（独 立 行 政 法 人 等） 日 本 私 立 学 校 振 興 ・ 共 済 事 業 団	28,700,000
9	国 立 研 究 開 発 法 人 森 林 研 究 ・ 整 備 機 構	4,300,000
10	独 立 行 政 法 人 福 祉 医 療 機 構	210,200,000
11	独 立 行 政 法 人 鉄 道 建 設 ・ 運 輸 施 設 整 備 支 援 機 構	65,100,000
12	独 立 行 政 法 人 水 資 源 機 構	500,000
13	独 立 行 政 法 人 エ ネ ル ギ ー ・ 金 属 鉱 物 資 源 機 構	400,000
14	独 立 行 政 法 人 大 学 改 革 支 援 ・ 学 位 授 与 機 構	87,500,000
15	独 立 行 政 法 人 日 本 学 生 支 援 機 構	525,600,000
16	独 立 行 政 法 人 国 立 病 院 機 構	66,000,000
17	独 立 行 政 法 人 都 市 再 生 機 構	520,000,000
18	独 立 行 政 法 人 住 宅 金 融 支 援 機 構	26,300,000
19	国 立 研 究 開 発 法 人 国 立 成 育 医 療 研 究 セ ン タ ー	1,000,000

区分	長期運用予定額	予定額
20 国立研究開発法人国立長寿医療研究センター		200,000千円
21 全国土地改良事業団体連合会		1,500,000
22 株式会社日本政策投資銀行		300,000,000
23 （地方公共団体）地方公共団体		2,325,800,000

2 前項に規定する独立行政法人国際協力機構への長期運用予定額は、「独立行政法人国際協力機構法」第13条第1項第2号に規定する業務並びに同項第8号及び第9号並びに同条第3項に規定する業務のうち有償資金協力業務に充てられるものを予定している。

3 予見し難い経済事情の変動その他やむを得ない事由により第1項第4号から第23号までの各号に掲げる区分ごとの長期運用予定額の増額を必要とする特別の事由があるときは、当該各号に定める金額のそれぞれ100分の50に相当する金額の範囲内において、当該長期運用予定額を増額することができる。ただし、当該各号の増額の合計額が当該各号に定める金額の合計額の100分の25に相当する金額の合計額を超えてはならない。

（歳入歳出予算の弾力条項等）

第23条 次の表の左欄に掲げる各特別会計において、「特別会計に関する法律」第7条第1項の規定により、当該特別会計の目的に照らして中欄に掲げる事由により、当該特別会計に関する法律第7条第1項の規定により当該経費に充てるべき収入の増加を確保することができるときは、当該確保することができる金額を限度として、当該経費を増額することができる。

特別会計	経費増額事由	収入増加事由
1 交付税及び譲与税配付金	地方譲与税に必要な経費の不足	地方揮発油税、森林環境税、石油ガス税、特別法人事業税、自動車重量税、航空機燃料税及び特別とん税の収入の増加
2 地震再保険	再保険金に必要な経費の不足	再保険金支払に必要な積立金からの受入金、借入金その他の収入の増加
3 国債整理基金	債務償還費、利子等に必要な経費の不足	国債の償還金、利子並びに発行及び償還に関する諸費の支出に充てるための他会計からの受入金の増加
	前年度発行の償還期間1年以下の公債の償還に必要な経費の不足	借換国債の発行による公債金収入の増加

特別会計	経費増額事由	収入増加事由
	予見し難い市場環境の変化への対応等に伴う公債の買入消却に必要な経費の不足	13,000,000,000千円を限度とする借換国債の発行による公債金収入の増加
	株式売払いに必要な経費の不足	株式売払いによる収入の増加
4 財政投融資	財政融資資金勘定における預託金利子に必要な経費の不足	特別会計の積立金等の受入資金の増加等に伴う収入の増加
	財政融資資金勘定における第22条第3項の規定により財政融資資金の長期運用予定額を増額した場合の財政融資資金への繰入れに必要な経費の不足	第10条第1項ただし書の規定を適用した場合の公債金収入の増加
	財政融資資金勘定における第22条第3項の規定により財政融資資金の長期運用予定額を増額した場合、外貨公債の発行に係る本邦通貨による収入額が第10条第2項前段の規定により算出した金額を下回る場合及び第10条第1項に規定する公債（外貨公債を除く。）の発行価格が額面金額を下回る場合の公債の利子及び発行に必要な経費の不足	第10条第1項ただし書、第2項後段及び第3項の規定を適用した場合の公債金収入の増加に伴う運用利殖金収入等の増加
5 エネルギー対策	電源開発促進勘定における諸支出金に必要な経費の不足	一般会計からの受入金の増加
6 労働保険	労災勘定における保険給付又は雇用保険等給付及び育児休業給付に必要な経費の不足	徴収勘定より受入の額のうち純保険料に相当する金額の増加
	雇用勘定における失業等給付及び職業訓練受講給付金に必要な経費の不足	「雇用保険法」の規定による一般会計からの受入金の増加
	雇用勘定における予見し難い経済事情の変動による雇用安定事業に必要な経費の不足	雇用安定資金からの歳入組入れによる収入の増加
	徴収勘定における石綿健康被害救済事業交付金に必要な経費の不足	一般拠出金収入の増加
	徴収勘定における他勘定への繰入れに必要な経費の不足	保険料収入の増加

特別会計	経費増額事由	収入増加事由
7 年　金	国民年金勘定における特別障害給付金給付又は福祉年金給付に必要な経費の不足	一般会計からの受入金の増加
	国民年金勘定における国民年金給付又は厚生年金勘定における保険給付等に必要な経費の不足	保険料収入のうち純保険料に相当する金額の増加
	健康勘定における保険料等交付金に必要な経費の不足	保険料収入の増加
8 食料安定供給	食糧管理勘定における 1,450 千トンを限度とする「主要食糧の需給及び価格の安定に関する法律」第 43 条及び「飼料需給安定法」第 4 条の規定による食糧買入費に必要な経費	当該買入費に充てるための「主要食糧の需給及び価格の安定に関する法律」第 43 条及び「飼料需給安定法」第 5 条の規定による食糧売払代による収入の増加
	農業再保険勘定及び漁船再保険勘定における再保険金又は漁業共済保険勘定における保険金に必要な経費の不足	再保険料収入又は保険料収入の増加
	国営土地改良事業勘定における事業のため直接必要な経費の不足	一般会計からの受入金（当該受入金に関連して増加する収入を含む。）の増加
9 国有林野事業債務管理	借入金の利子に充てるための国債整理基金特別会計への繰入れに必要な経費の不足	借入金（当該借入金に充てるための一般会計からの受入金の増加
10 特　許	工業所有権に関する事業量の増加のため直接必要な経費の不足	特許料等収入の増加
11 自動車安全	自動車事故対策勘定における自動車損害賠償保障金に必要な経費	賦課金収入の増加
	自動車検査登録勘定における検査、登録又は指定の件数の増加に伴う事務量の増加のため直接必要な経費の不足	検査登録手数料収入の増加
	空港整備勘定における事業のため直接必要な経費（その他の収入を除く経費に限る。災害復旧に必要な経費に限る。）の不足	一般会計からの受入金（当該受入金に関連して増加する収入を除くその他の収入を含む。）又は借入金を含む。）の不足

2　第２条の規定によるもののほか、前項第８号及び第11号による経費の増額を行った場合であって、かつ、一般会計からの受入金が防災・減災対策等強化事業推進費及び北海道特定特別総合開発事業推進費等からの受入金である場合には、当該増額に係る経費については、事業の性質上その実施に相当の期間を要し、かつ、事業が本年度内に終わらない場合にも引き続いて実施する必要があるものであり、計画又は設計に関する諸条件、気象又は用地の関係、補償処理の困難、資材の入手難その他のやむを得ない事由により、年度内に支出を完了することが難しい場合もあるため、〔財政法〕第14条の３の規定により翌年度に繰り越して使用することができる経費とする。

（東日本大震災復興特別会計における予算の移替え等）

第24条　東日本大震災復興特別会計において、行政組織に関する法令の改廃等による職務権限の変更等に伴い、予算の執行に関し、「甲号歳入歳出予算」、「丙号繰越明許費」及び「丁号国庫債務負担行為」における所管及び組織の区分によることができない場合においては、所管若しくは組織の設置、廃止若しくは各称の変更を行い、又は所管若しくは組織の間において予算の移替えをすることができる。

2　東日本大震災復興特別会計において、行政組織に関する法令の改廃等に伴い、その予算の所管、組織又は項に用いられている行政機関の名称が実際の行政機関の名称と対応しないこととなった場合においても、その所管、組織又は項に係る予算は、その目的の実質に従い、そのまま執行することができる。

第25条　東日本大震災復興特別会計において、所管復興庁、組織復興庁の東日本大震災復興再生支援対策費、原子力災害復興支援対策費、内閣共通費、内閣府共通費、法務省共通費、農林水産省共通費、環境省共通費、地域活性化等復興政策費、治安復興事業費、消費生活復興政策費、生活基盤行政復興政策費、生活基盤復興事業費、法務行政復興事業費、財務行政復興政策費、教育・科学技術等復興事業費、東日本大震災復興国立研究開発法人日本原子力研究開発機構運営費、社会保障復興政策費、農林水産業復興政策費、農林水産業復興事業費、東日本大震災復興国立研究開発法人水産研究・教育機構運営費、経済・産業及びエネルギー安定供給確保等復興政策費、東日本大震災復興独立行政法人中小企業基盤整備機構運営費、住宅・地域公共交通等復興政策費、環境保全復興政策費、環境保全復興事業費、東日本大震災復興事業費、東日本大震災復興旧等復興事業費、東日本大震災復興国営追悼・祈念施設整備事業費及び東日本大震災復興農業施設災害復旧事業施設復旧事業工事費諸費の項において、その実施にあたる各省各庁所管の当該組織にその必要とする予算及び東日本大震災復興農業施設災害復旧事業施設復旧事業工事費諸費の項に係る予算の項に使用する予算を使用する場合においては、その実施にあたる各省各庁所管の当該組織にその必要とする予算の移替えをすることができる。

（予算の移用）

第26条　「財政法」第33条第1項ただし書の規定により移用することができる場合は、第1表から第3表までに掲げる各特別会計の各項の経費の金額を当該各項の間において相互に移用する場合とする。

第1表　特別会計の一部の勘定の項の間の移用

特別会計	勘定	移用することができる項
財政投融資	財政融資資金	財政融資資金金へ繰入、事務取扱費、諸支出金、公債等事務取扱費一般会計へ繰入及び国債整理基金特別会計へ繰入の各項
エネルギー対策	エネルギー需給	燃料安定供給対策費、エネルギー需給構造高度化対策費、事務取扱費、諸支出金及び国債整理基金特別会計へ繰入の各項
		脱炭素成長型経済構造移行推進対策費、脱炭素成長型経済構造移行推進国債整理基金特別会計へ繰入の各項
	電源開発促進	電源立地対策費、電源利用対策費、原子力安全規制対策費、事務取扱費及び諸支出金の各項
		脱炭素成長型経済構造移行推進対策費と脱炭素成長型経済構造移行推進諸支出金
労働保険	労災	労働安全衛生対策費、保険給付費、職務上年金給付費、職務上年金給付費等交付金、社会復帰促進等事業費、仕事生活調和推進費、中小企業退職金共済等事業費、個別労働紛争対策費、業務取扱費、施設整備費及び保険料返還金等徴収勘定へ繰入の各項
	雇用	男女均等雇用対策費、個別労働紛争対策費、職業紹介事業等実施費、地域雇用機会創出等対策費、高齢者等雇

特別会計	勘定	移用することができる項
		用安定・促進費、失業等給付費、育児休業等給付費、就職支援事業費、職業能力開発強化費、若年者等職業能力開発支援費、障害者職業能力開発支援費、技能継承・振興推進費、業務取扱費、施設整備費、育児休業等給付費へ繰入及び保険料返還金等徴収勘定へ繰入の各項
	徴収	業務取扱費、保険給付費財源労災勘定へ繰入、失業等給付費等財源雇用勘定へ繰入及び諸支出金の各項
年金	基礎年金	基礎年金給付費と諸支出金
	国民年金	特別障害給付金給付費、福祉年金給付費、国民年金給付費及び諸支出金の各項
	厚生年金	保険給付費と諸支出金
	健康	保険給付費、諸支出金及び国債整理基金特別会計へ繰入の各項
	子ども・子育て支援	児童手当等交付金、子ども・子育て支援推進費、地域子ども・子育て支援及び仕事・子育て両立支援事業費、業務取扱費及び諸支出金の各項
	業務	業務取扱費、社会保険オンラインシステム費及び日本年金機構運営費の各項
食料安定供給	食糧管理	食糧買入費と食糧管理費
	国営土地改良事業	土地改良事業費と土地改良事業工事諸費
自動車安全	自動車事故対策	被害者保護増進等事業費、自動車損害賠償事業費及び再保険及び保険費の各項と業務取扱費自動車検査登録勘定へ繰入
	自動車検査登録	業務取扱費と施設整備費

特別会計	勘定	移用することができる項
	空港整備	空港整備事業費、北海道空港整備事業費、離島空港整備事業費、沖縄空港整備事業費及び航空路整備事業費の各項と空港等整備事業工事諸費
		空港整備事業費、北海道空港整備事業費、離島空港整備事業費及び沖縄空港整備事業費の各項と航空路整備事業費

第2表　特別会計の一部の項の間の移用

特別会計	移用することができる項
外国為替資金	事務取扱費、諸支出金及び国債整理基金特別会計へ繰入の各項
特許	事務取扱費と施設整備費

第3表　東日本大震災復興特別会計における一部の項の移用

特別会計	所管	組織	移用することができる項
東日本大震災復興	復興庁	復興庁	東日本大震災復興国営追悼・祈念施設整備事業費と東日本大震災復興事業工事諸費

（俸給予算等の制限）

第27条　俸給予算の執行に当たっては、歳入歳出予定計算書に掲げる各特別会計の職員予算定員及び俸給額表によるものとし、当該経費の金額の範囲内であっても、当該定員の増加又は俸給額の増額をみだりに行ってはならない。

令和6年度政府関係機関予算

予算総則

(収入支出予算)

第1条　次に掲げる各政府関係機関の令和6年度収入支出予算は、「甲号収入支出予算」に掲げるとおりとする。

沖縄振興開発金融公庫

株式会社日本政策金融公庫

株式会社国際協力銀行

独立行政法人国際協力機構有償資金協力部門

2　前項に規定する独立行政法人国際協力機構有償資金協力部門とは、「独立行政法人国際協力機構法」第13条第1項第2号に規定する業務並びに同項第8号及び第9号並びに同条第3項に規定する業務のうち有償資金協力に係るものに関する部門をいう。

(借入金等の限度額)

第2条　次の表の左欄に掲げる公庫の「沖縄振興開発金融公庫の予算及び決算に関する法律」第5条第2項第1号及び第2号の規定による借入金又は債券の限度額並びに株式会社の「株式会社日本政策金融公庫法」第31条第2項第1号及び第2号の規定による借入金又は社債の限度額並びに「エネルギー環境適合製品の開発及び製造を行う事業の促進に関する法律」第17条、「産業競争力強化法」附則第7条の規定により、なおその効力を有することとされた同法第1条の規定による改正前の「産業競争力強化法」第39条第2項、「特定高度情報通信技術活用システムの開発供給及び導入の促進に関する法律」第24条第1項、「造船法」第27条第1項、「海上運送法」第39条の35第1項並びに「経済施策を一体的に講ずることによる安全保障の確保の推進に関する法律」の規定による借入金の限度額は、それぞれ右欄に掲げるとおりとする。

公庫又は株式会社	限度	額
沖縄振興開発金融公庫	政府からの借入金の総額	194,600,000千円
	政府以外の者からの借入金の総額	1,600,000
	沖縄振興開発金融公庫債券の額面総額	10,000,000
	沖縄振興開発金融公庫住宅宅地債券の額面総額	800,500

公庫又は株式会社	限度		額
株式会社日本政策金融公庫	国民一般向け業務	借入金の総額	1,760,000,000千円
		社債の額面総額	170,000,000
	農林水産業者向け業務	借入金の総額	723,500,000
		社債の額面総額	20,000,000
	中小企業者向け業務	借入金の総額	1,230,000,000
		社債の額面総額	100,000,000
	危機対応円滑化業務	借入金の総額	99,000,000
		社債の額面総額	100,000,000
	特定事業等促進円滑化業務	借入金の総額	195,000,000

2 財務大臣は、予見し難い経済事情の変動その他のやむを得ない事由により前項に掲げる公庫又は株式会社において事業資金又は借入金、債券及び社債により調達する資金の増額を必要とする特別の事由があるときは、法令の規定に従い同項の借入金、債券及び社債のそれぞれの限度額の100分の50に相当する金額の範囲内において、当該限度額を増額することができる。

3 第1項に規定する沖縄振興開発金融公庫債券、沖縄振興開発金融公庫住宅宅地債券及び社債の発行価格が額面金額を下回るときは、それぞれの発行価格差減額をうめるため必要な金額を同項のそれぞれの限度額に加算した金額を限度額とする。（前項の規定により限度額が増額された場合を含む。）

（保険契約等の限度額）

第3条 株式会社日本政策金融公庫の次の表の左欄に掲げる法律の規定による金額の限度は、令和6年度において、それぞれ右欄に掲げるとおりとする。

根拠	規定	限度	額
「株式会社日本政策金融公庫法」第31条	貸付金の総額		24,000,000千円
	「株式会社日本政策金融公庫法」別表第2 第2号及び第5号に掲げる業務として行う取引において支払うことを約する金銭の額の総額		
		農林水産業者向け業務	1,850,000
		中小企業者向け業務	70,000,000
	保証金額の総額		60,500,000
	保険価額の総額		17,817,000,000
	補填の額の総額		99,200,000
「破綻金融機関等の融資先である中堅事業者に係る信用保険の特例に関する臨時措置法」第6条	保険価額の総額		86,000,000

（収入支出予算の弾力条項）

第4条　次の表の左欄に掲げる各政府関係機関において、中欄に掲げる事由により収入金額が予算額に比して増加し（第1号にあっては同号に掲げる増額）するときは、財務大臣の承認を受けて、その増加する金額を限度として（第1号にあっては予算額を超えて）それぞれの右欄に掲げる経費を増額することができる。

	政府関係機関	件　　要	経　　費
1	沖縄振興開発金融公庫又は株式会社日本政策金融公庫（信用保険等業務を除く。）	第2条第2項及び第3項の規定による借入金の借入れ及び債券又は社債の発行の増額	借入金及び債券又は社債の利子その他の事業量の増加に伴い直接必要な経費
2	株式会社国際協力銀行又は独立行政法人国際協力機構有償資金協力部門	貸付業務に係る事業量の増加	貸付業務の増加に直接必要な経費

2　株式会社日本政策金融公庫信用保険等業務において、「中小企業信用保険法」及び「破綻金融機関等の融資先である中堅事業者に係る信用保険の特例に関する臨時措置法」に基づく保険金の支出が増加し、保険金の予算に不足を生ずるときは、信用保険等業務に整理された勘定に属する資本金及び準備金の額の合計額に相当する金額を限度として財務大臣が定める金額を増額することができる。

（流用の制限）

第5条　株式会社日本政策金融公庫、株式会社国際協力銀行又は独立行政法人国際協力機構有償資金協力部門がその経費の金額を相互に流用し、又はその経費と他の経費との間にその金額を相互に流用する場合において、「株式会社日本政策金融公庫法」第38条第1項、「株式会社国際協力銀行法」第24条第1項又は「独立行政法人国際協力機構法」第26条第1項の規定により財務大臣の承認を受けなければならない経費は、次に掲げるとおりとする。

（1）　役職員に対して支給する給与に要する経費
（2）　交際費に要する経費

（俸給予算等の制限）

第6条　第1条に掲げる各政府関係機関（独立行政法人国際協力機構有償資金協力部門を除く。）は、それぞれ支出予算の範囲内であっても、役職員の定員及び給与をこの予算において予定した定員及び給与の基準を超えてみだりに増加し又は支給してはならない。

2　独立行政法人国際協力機構有償資金協力部門は、支出予算の範囲内であっても、役職員の給与をこの予算において予定した給与の基準を超えてみだりに支給してはならない。

（補　則）

第7条　第1条に掲げる政府関係機関が令和6年度において発行する債券若しくは社債又は借り入れる借入金を外貨をもって支払わなければならないものがあるときは、その額面総額又は元本金額を外国貨幣換算率（アメリカ合衆国通貨にあっては、令和4年11月1日から令和5年10月31日までの間における実勢相場を平均した為替相場（その相場に1円未満の端数があるときは、これを四捨五入する。）をいい、アメリカ合衆国通貨以外の通貨にあっては、同期間における当該通貨のアメリカ合衆国通貨をもって裁定した為替相場（その相場に1円未満の端数があるときは、これを四捨五入する。ただし、1通貨単位について10円未満となる通貨にあっては、100通貨単位（10通貨単位について1円未満となる通貨にあっては、1,000通貨単位）についての値をとり、円単位未満を四捨五入する。）をいう。）により換算した金額とする。

2　前項の規定は、株式会社日本政策金融公庫が令和6年度において行う外貨をもって支払わなければならない債務の保証があるときの保証金額の総額を換算する場合に準用する。

II 令和6年度歳出予算の執行手続等について

（1） 令和6年度予算執行に関する手続等について

〔令和6年4月2日 閣 議 決 定〕

（予算の移替え）

1．各省各庁の長は、令和6年度一般会計予算予算総則第14条及び第15条並びに令和6年度特別会計予算予算総則第24条及び第25条の規定による予算の移替えを必要とするときは、当該予算の移替要求書を財務大臣に送付し、その承認を経るものとする。

　財務大臣は、前項の予算の移替えを承認したときは、その旨を当該各省各庁の長及び会計検査院に通知する。

（予算の流用）

2．各省各庁の長は、財務大臣の指定する人件費に係る各目の相互間及び成果重視事業に係る各目の相互間における流用並びに旅費の類に属する各目の相互間及び庁費の類に属する各目の相互間における流用（財務大臣の指定する経費及び科目を設置した経費を除く。）については、財政法第33条第2項の規定による財務大臣の承認を経たものとして相互に流用することができる。

　前項により予算を流用した場合においては、各省各庁の長は、流用したものの科目及び金額を財務大臣及び会計検査院に通知するものとする。

（目の細分）

3．各省各庁の長は、財務大臣の指定する公共事業費等の使用に当たっては、財務大臣に協議して目を更に細分するものとする。

（予算の繰越し）

4．各省各庁の長は、歳出予算の経費のうち、やむを得ない事由により年度内に支出を終わらない場合にも引き続いて実施する必要があるものについては、予算の経済的、効率的な執行の観点から、積極的に繰越制度を活用するものとする。

（補助金等の交付の手続等）

5．補助金等の交付の手続等については、財務大臣が、補助金等適正化中央連絡会議の意見を聴いて、決定するところによるものとする。

(2) 「令和6年度予算執行に関する手続等について」（令和6年4月2日閣議決定）第2号及び第3号に規定する財務大臣の指定する経費について

（令和6年4月2日
財計第 1799 号）

　「令和6年度予算執行に関する手続等について」（令和6年4月2日閣議決定）第2号（予算の流用）に規定する財務大臣の指定する人件費及び成果重視事業に係る目並びに財務大臣の指定する経費並びに第3号（目の細分）に規定する財務大臣の指定する公共事業費等を別表のように定める。

別　表

１．予算の流用についての人件費の指定目

　各省各庁の一般会計、特別会計に共通のもの

　　職員基本給、政府開発援助職員基本給、職員諸手当、政府開発援助職員諸手当、待命職員給与、常勤職員給与、休職者給与、国際機関等派遣職員給与、短時間勤務職員給与、公務災害補償費、退職手当、児童手当、国家公務員共済組合負担金、基礎年金等国家公務員共済組合負担金、育児休業手当金国家公務員共済組合負担金

２．予算の流用についての成果重視事業の指定目

　一　般　会　計

　　経済産業省所管
　　　成果重視事業電子経済産業省構築事業庁費、成果重視事業電子経済産業省構築事業開発委託費

３．予算の流用についての旅費及び庁費の類の指定経費

区　　分	旅　費　の　類　の　目	庁　費　の　類　の　目
(1) 各省各庁の一般会計、特別会計に共通のもの	施設施工旅費 船舶建造旅費 受託業務のための調査、試験、研究等の旅費 赴任、帰国等の旅費 航海日当食卓料 委員、講師等の旅費 入校生、研修生、修習生、留学生、研究員等の旅費 外国人の招へい、留学等の旅費	施設施工庁費 船舶建造庁費 受託業務のための調査、試験、研究等の庁費 車両購入費 車　両　費 啓発広報費 広　報　費 通信専用料 印紙類製造費

－ 54 －

区　　分	旅　費　の　類　の　目	庁　費　の　類　の　目
	証人、参考人等の旅費	医薬品等買上費
	被収容者、患者、遺族等の旅費	手　数　料
		土地、建物、電子計算機等の借料
		招　へ　い　費
		建物、工作物等の補修費及び修繕費
		航空機及び船舶運航費
		捜査費及び活動費
		食　糧　費
		用地処理事務費
		工　事　雑　費
		自　動　車　重　量　税
		消　　費　　税
(2)　一般会計の各所管に特有なもの		
国　　　会	議　員　旅　費	議員特殊乗車券等購入費
	議員調査研究広報滞在費	国会活動啓発費
	議　会　雑　費	議案類印刷費
裁　判　所	執　行　官　旅　費	特　別　送　達　料
内　閣　府	児童保護指導等旅費	褒賞品製造費
	入所児童見学等旅費	警　察　装　備　費
		警察通信機器整備費
		児童自立支援庁費
法　務　省	護　送　旅　費	訴訟用印紙類購入費
		矯正管理業務庁費
外　務　省		啓　発　宣　伝　費
		政府開発援助啓発宣伝費
		在外公館交流諸費

区　　分	旅費の類の目	庁費の類の目
文部科学省		政府開発援助在外公館交流諸費 教科書購入費 デジタル教科書購入費 外国人留学生教育費 政府開発援助外国人留学生教育費
厚生労働省	遺骨収集等旅費 戦没者遺骨収集事業等旅費	ワクチン等購入費 原爆被爆者医療費 医療介護連携等業務庁費 あへん購入費 引揚者援護費 心神喪失者等医療観察法入院等決定者医療費 入所施設器材整備費
農林水産省	乗船監督旅費 捕鯨国際監視員派遣旅費	
国土交通省	河川管理旅費 外地抑留者引取旅費	河川管理費 測量庁費 (組織)観光庁(項)国際観光旅客税財源観光振興費の庁費の類 船舶気象通報料 静止気象衛星製作費
防衛省	帰住招集等旅費 人的基盤強化推進旅費 予備隊員招集等旅費	(組織)防衛本省の庁費の類 (組織)防衛装備庁(項)防衛力基盤強化推進費の庁費の類
(3) 特別会計(所管)に特有なもの		
特　　許		特許公報類発行費

区　　　分	旅　費　の　類　の　目	庁　費　の　類　の　目
東日本大震災 復興 （復　興　庁）		医療保険制度関係業務庁費

4．目の細分についての公共事業費等の指定経費

　一　般　会　計

　　内閣府所管
　　　沖縄開発事業費、沖縄北部連携促進特別振興対策特定開発事業推進費、地方創生基盤整備事業推
　　　進費

　　農林水産省所管
　　　海岸事業費（補助率差額を除く。）、農業農村整備事業費（補助率差額を除く。）、農山漁村地域整
　　　備事業費、農業施設災害復旧事業費、農業施設災害関連事業費（補助率差額を除く。）、治山事業
　　　費（補助率差額を除く。）、森林整備事業費（森林環境保全整備事業費、補助率差額及び出資金を
　　　除く。）、山林施設災害復旧事業費、山林施設災害関連事業費（補助率差額を除く。）、水産基盤整
　　　備費（補助率差額を除く。）、漁港施設災害復旧事業費、漁港施設災害関連事業費（補助率差額を
　　　除く。）

　　経済産業省所管
　　　工業用水道事業費

　　国土交通省所管
　　　住宅対策事業費、住宅対策諸費（調査費に限る。）、港湾環境整備事業費（補助率差額を除く。）、
　　　道路環境改善事業費（補助率差額を除く。）、水資源開発事業費、国営公園等事業費（貸付金を除
　　　く。）、都市水環境整備事業費、上下水道一体効率化・基盤強化推進事業費、水道施設整備費（補
　　　助率差額を除く。）、下水道事業費、市街地防災事業費、住宅防災事業費、都市公園防災事業費、
　　　下水道防災事業費、河川整備事業費（交付金及び補助率差額を除く。）、多目的ダム建設事業費、
　　　総合流域防災事業費、砂防事業費（補助率差額を除く。）、急傾斜地崩壊対策等事業費、防災・減
　　　災対策等強化事業推進費、海岸事業費（補助率差額を除く。）、道路交通安全対策事業費（補助率
　　　差額及び貸付金を除く。）、港湾事業費（補助率差額及び貸付金を除く。）、地域連携道路事業費
　　　（補助率差額、貸付金及び出資金を除く。）、都市再生・地域再生整備事業費（補給金及び貸付金
　　　を除く。）、都市・地域交通整備事業費、道路交通円滑化事業費（補助率差額及び貸付金を除く。）、
　　　社会資本整備円滑化地籍整備事業費、社会資本総合整備事業費、官民連携基盤整備推進調査費、
　　　離島振興費（小笠原諸島振興開発事業費補助に限る。）、離島振興事業費、北海道開発事業費（特
　　　定道路事業交付金及び貸付金を除く。）、北海道特定特別総合開発事業推進費、河川等災害復旧事
　　　業費、住宅施設災害復旧事業費、河川等災害関連事業費（補助率差額を除く。）、船舶交通安全基
　　　盤整備事業費

　　環境省所管
　　　廃棄物処理施設整備費（補助率差額を除く。）、自然公園等事業費（交付金を除く。）、廃棄物処理
　　　施設災害復旧事業費

特　別　会　計

　農林水産省所管
　　食料安定供給特別会計
　　　国営土地改良事業勘定
　　　　土地改良事業費

　国土交通省所管
　　自動車安全特別会計
　　　空港整備勘定
　　　　空港整備事業費（補助率差額を除く。）、北海道空港整備事業費、離島空港整備事業費、沖縄
　　　　空港整備事業費、航空路整備事業費、空港等災害復旧事業費

国会、裁判所、会計検査院、内閣、内閣府、デジタル庁、復興庁、総務省、法務省、外務省、財務
省、文部科学省、厚生労働省、農林水産省、経済産業省、国土交通省、環境省及び防衛省所管
　　東日本大震災復興特別会計
　　　復興庁所管
　　　　原子力災害復興再生支援事業費（交付金に限る。）、東日本大震災復興事業費（森林環境保全
　　　　整備事業費、災害公営住宅家賃対策補助及び災害公営住宅特別家賃低減対策費補助を除く。）、
　　　　東日本大震災災害復旧等事業費

(3) 沖縄振興開発金融公庫の予算及び決算に関する法律第14条第2項の規定により財務大臣の指定する経費について

平成20年10月1日
財計第2052号
一部改正
令和3年3月30日
財計第1677号

　沖縄振興開発金融公庫の予算及び決算に関する法律第14条第2項の規定により財務大臣の承認を経なければ相互に流用し、又はその経費と他の経費との間にその金額を相互に流用することができない経費を次のとおり指定する。

　役　　　員　　　給
　職　員　基　本　給
　職　員　諸　手　当
　超　過　勤　務　手　当
　旅　　　　　　　費
　交　　　際　　　費
　支　　払　　利　　息

　ただし、役員給、職員基本給、職員諸手当及び超過勤務手当の相互間における流用については、同法第14条第2項の規定による財務大臣の承認を経たものとして相互に流用することができる。
　前項ただし書の規定により予算を流用した場合においては、沖縄振興開発金融公庫は、流用したものの科目及び金額を主務大臣を経由して財務大臣及び会計検査院に通知するものとする。

　なお、本件は平成20年10月1日から適用する。

（参　照）
◎沖縄振興開発金融公庫の予算及び決算に関する法律
　第14条　略
　2　公庫は、財務大臣の指定する各目の経費の金額については、財務大臣の承認を受けなければ、目の間において彼此流用することができない。
　3　略
　4　公庫は、第1項但書又は第2項の規定により移用又は流用の承認を受けようとするときは、主務大臣を経由してしなければならない。
　5　財務大臣は、第1項但書又は第2項の規定による移用又は流用について承認をしたときは、その旨を公庫及び会計検査院に通知しなければならない。
　6　略

(4) 歳出予算の移替、移用または流用等の取扱方について

昭和31年6月13日
蔵 計 第 1409 号
主 計 局 長 通 牒
一 部 改 正
平成13年1月5日
蔵 計 第 22 号
一 部 改 正
平成16年3月30日
財 計 第 778 号

歳出予算の移替、移用または流用等の取扱方については、下記によることとされたい。

記

第一　各省各庁の長は、予算総則に基く歳出予算の移替について財務大臣の承認を受けようとするときは、当該移替を必要とする各省各庁の長の連名にて移替を必要とする理由、科目および金額を明らかにした別紙第1号様式による移替承認要求書に別紙第1号の2様式による移替情況調書および当該移替を要する金額の積算の基礎を明らかにした書類を添えて財務大臣に送付するものとする。

第二　各省各庁の長は、財政法第33条第1項但書または第2項の規定に基く歳出予算の移用または流用について財務大臣の承認を受けようとするときは、別紙第2号様式による流用等承認要求書に当該移用または流用を要する金額の積算の基礎を明らかにした書類を添えて財務大臣に送付するものとする。

2　各省各庁の長は、閣議決定に基き、財政法第33条第2項の規定による財務大臣の承認を経たものとして流用した経費については、流用等承認要求書の様式に準じて流用済通知書を作成し、財務大臣および会計検査院に通知するものとする。

（参照）

●財政法

第33条　各省各庁の長は、歳出予算又は継続費の定める各部局等の経費の金額又は部局等内の各項の経費の金額については、各部局等の間又は各項の間において彼此移用することができない。但し、予算の執行上の必要に基き、あらかじめ予算をもつ

て国会の議決を経た場合に限り、財務大臣の承認を経て移用することができる。

② 各省各庁の長は、各目の経費の金額については、財務大臣の承認を経なければ、目の間において、彼此流用することができない。

③ 財務大臣は、第1項但書又は前項の規定に基く移用又は流用について承認をしたときは、その旨を当該各省各庁の長及び会計検査院に通知しなければならない。

第三　各省各庁の長は、予算総則に基く各省各庁相互間の移用について財務大臣の承認を受けようとするときは、当該移用を必要とする各省各庁の長の連名にて移用を必要とする理由、科目および金額を明らかにした別紙第3号様式による移用承認要求書に当該移用を要する金額の積算の基礎を明らかにした書類を添えて財務大臣に送付するものとする。

第四　各省各庁の長は、財政法附則第1条の2第2項による目の区分について財務大臣の承認を受けようとするときは、科目および金額を明らかにした別紙第4号様式による目の区分承認要求書に別紙第1号の2様式による移替情況調書（他の所管に移し替えた項の残余の部分について目の区分をする場合に限り必要とする。）および当該目の金額の積算の基礎を明らかにした書類を添えて財務大臣に送付するものとする。ただし、当該科目について同時に移替をする必要のある場合にあつては、当該移替承認要求書により併せて承認を求めるものとする。

（参照）

●財政法

附則第1条の2　内閣は、当分の間、第31条第1項の規定により歳入歳出予算を配賦する場合において、当該配賦の際、目に区分し難い項があるときは、同条第2項の規定にかかわらず、当該項に限り、目の区分をしないで配賦することができる。

② 前項の規定により目の区分をしないで配賦した場合においては、各省各庁の長は、当該項に係る歳出予算の執行の時までに、財務大臣の承認を経て、目の区分をしなければならない。

③ 財務大臣は、前項の規定により目の区分について承認をしたときは、その旨を会計検査院に通知しなければならない。

第五　各省各庁の長は、目の細分について財務大臣に協議しようとするときは、当該費目の名称および金額を明らかにした調書を財務大臣に送付するものとする。ただし、移替または目の区分と同時に目の細分をする必要がある

場合にあつては、当該移替承認要求書または当該目の区分承認要求書により併せて協議するものとする。

第六 「歳出予算の移用又は流用の承認の取扱い方について」（昭和25年計発第239号大蔵省主計局長通牒）は廃止する。

第1号様式

令和〇〇年度一般会計歳出予算移替等承認要求書

組織および項目	今回移替額	移替済額	計	備 考
所管 （組織） （項） <u>（目）</u> <u>（目の細分）</u> その他の目	円	円	円	（繰越経費の移替分） （移流用の経費の移替分）

（理由）………………………………………………………………ために必要な経費を〇〇〇省所管（組織）……に計上した（項）……費より上記のとおり移し替え、<u>および当該経費について目の区分をし、ならびに目の細分をする</u>必要がある。

　（注）　1　本調書には移替要求に関係ある組織のみを掲げること。
　　　　　2　繰越または移流用後の経費の移替については、備考欄に「繰越経費の移替分」または「移流用の経費の移替分」と記入すること。
　　　　　3　本通牒第四号但書による目の区分および第五号但書による目の細分に係る承認または協議をする場合は、それぞれ上記＿＿線の該当文字を挿入すること。

第1号の2様式

令和〇〇年度一般会計……費移替情況調書

組織および項目	予 算 額	今回移替 （使用)額	移替および 使用済額	差 引	備 考
所管 （組織） （項） （目） その他の目	円	円	円	円	

　（注）　1　「移替および使用済額」欄には、既に移し替えた額および当該経費計上所管で使用した額（目の区分を承認した額）の総額を記載し、その上段に移替を受けた当該所管のみの移替済額の合計額（又は当該経費計上所管の使用済合計額）を括弧内書とすること。
　　　　　2　繰越または移流用後の経費の移替については、上記各欄を「予算額」、「繰越額」、「流用等増減額」、「予算現額」にそれぞれ分割して記載することとし、備考欄に流用等増減の対応科目、金額および承認年月日を記載すること。

第2号様式

令和〇〇年度…………会計歳出予算流用等承認要求書

組織および項目 目 の 細 分	予算額	予算決定 後増加額	承 認 済 流 用 等 増△減額	予算現額	今回要求 流 用 等 増△減額	改 予 算 現 額	備 考
所管	円	円	円	円	円	円	
(組織)							
(項)							
(目)							
(目の細分)							
その他の目							
その他の項							
組 織 計							

(理由)
(注) 1 本調書には、流用等の要求に関係ある組織のみを掲げること。
　　　2 目の細分は、閣議決定に基いて、財務大臣の承認を得る必要のある経費のみ
　　　について掲記すること。
　　　3 備考欄には、流用等増減額の対応科目、金額を記載すること。

第3号様式

令和〇〇年度一般会計歳出予算移用承認要求書

組織および項目	予算額	予算決定 後増加額	承 認 済 流 用 等 増△減額	予算現額	今回要求 移 用 増△減額	改 予 算 現 額	備 考
所管	円	円	円	円	円	円	
(組織)							
(項)							
(目)							
その他の目							
所管							
(組織)							
(項)							
(目)							
その他の目							

(理由)
(注) 本調書には移用増額（上）及び移用減額（下）される所管および組織を記載す
　　ること。

第4号様式

令和○○年度…………会計歳出予算目の区分承認要求書

組織および項目	今回承認 要 求 額	承認済額	計	備 考
所管 (組織) (項) 　(目) 　<u>(目の細分)</u> 　その他の目	円	円	円	

(理由)

　　財政法附則第1条の2第2項の規定により………費を………するため上記のとおり<u>目の区分をし、および目の細分をする</u>必要がある。

(注)　本通牒第五号但書による目の細分に係る協議をする場合は、上記＿＿線の該当文字を挿入すること。

（参　考）

歳出予算の移替、移用又は流用の取扱いについて
（事項別内訳表）

$$\begin{pmatrix} 平成20年3月28日 \\ 財務省主計局総務課 \\ 事\quad 務\quad 連\quad 絡 \end{pmatrix}$$

　標記については、平成２０年度決算より一般会計の各省各庁歳出決算報告書及び特別会計の歳入歳出決定計算書に事項別内訳を追加することとするので、平成２０年度から、歳出予算の移替、移用又は流用について財務大臣の承認を受けようとするときは、別紙に掲げる書類に別添の事項別内訳表を添付のうえ財務大臣に送付されたい。

（別紙）

名称	様式名	添付書類
歳出予算の移替、移用または流用等の取扱方について $\begin{pmatrix} 昭和31年6月13日 \\ 蔵計第1409号 \\ 主計局長通牒 \end{pmatrix}$	第1号様式 移替等承認要求書	第1号様式添付書類 移替等承認要求書(事項別内訳表)
	第1号の2様式 移替情況調書	第1号の2様式添付書類 移替情況調書(事項別内訳表)
	第2号様式 流用等承認要求書	第2号様式添付書類 流用等承認要求書(事項別内訳表)
	第3号様式 移用承認要求書	第3号様式添付書類 移用承認要求書(事項別内訳表)

第1号様式添付書類

令和○○年度一般会計歳出予算移替等承認要求書（事項別内訳表）

組織、項および事項	今回移替額	移替済額	計	備　　考
所管 （組織） （項） （事項）	円	円	円	（目）　　　　　　　　円

（注）　1　本表は、移替等承認要求書ごとに作成し、当該要求書に添付するものとする。
　　　　2　「組織、項および事項」欄の事項については、一般会計予算書の予定経費要求書における「組織別事項別内訳」に掲げる移替元の事項名を記載すること。
　　　　3　備考欄には、承認を受けようとする科目の目及び金額を記載すること。

第1号の2様式添付書類

令和〇〇年度一般会計歳出予算〇〇〇〇費移替情況調書（事項別内訳表）

組織、項および事項	予 算 額	今 回 移 替（使 用）額	移替および使用済額	差 引	備 考
所管 （組織） （項） （事項）	円	円	円	円	（目）　　　　　　　円

(注)　1　本表は、移替情況調書ごとに作成し、当該調書に添付するものとする。
　　　2　「組織、項および事項」欄の事項については、一般会計予算書の予定経費要求書における「組織別事項別内訳」に掲げる事項名を記載すること。
　　　3　「移替および使用済額」欄には、既に移し替えた額および当該経費上所管で使用した額（目の区分を承認した額）の総額を記載し、その上段に移替を受けた当該所管のみの移替済額の合計額（又は当該経費上所管の使用済合計額）を括弧書とすること。
　　　4　目の区分による承認を受けようとする場合は、備考欄に、当該目及び金額を記載すること。
　　　5　繰越または移流用後の経費の移替については、上記各欄は「予算額」、「繰越額」、「流用等増減額」、「予算現額」にそれぞれ分割して記載することとする。

第2号様式添付書類

令和〇〇年度・・・会計歳出予算流用等承認要求書（事項別内訳表）

組織、項および事項	予 算 額	予 算 決 定後 増 加 額	承認済流用等増 △ 減 額	予算現額	今回要求流用等増 △ 減 額	改予算現額	備 考
所管 （組織） （項） （事項）	円	円	円	円	円	円	（目）　　円

(注)　1　本表は、流用等承認要求書ごとに作成し、当該要求書に添付するものとする。
　　　2　「組織、項および事項」欄の事項については、一般会計予算書の予定経費要求書における「組織別事項別内訳」、又は、特別会計においては、特別会計予算書の歳入歳出予定計算書における「事項別内訳」に掲げる事項名を記載すること。なお、予備費を使用した経費等（新たな経費を追加し、事項を追加する場合に限る。）に係る流用の承認については、流用元の事項に予備費において追加した事項を記載すること。
　　　3　備考欄には、承認を受けようとする科目の目及び金額を記載すること。

第3号様式添付書類

令和〇〇年度一般会計歳出予算移用承認要求書（事項別内訳表）

組織、項および事項	予 算 額	予 算 決 定後 増 加 額	承認済流用等増 △ 減 額	予算現額	今回要求移用等増 △ 減 額	改予算現額	備 考
所管 （組織） （項） （事項）	円	円	円	円	円	円	（目）　　円
所管 （組織） （項） （事項）							（目）　　円

(注)　1　本表は、移用承認要求書ごとに作成し、当該要求書に添付するものとする。
　　　2　「組織、項および事項」欄の事項については、一般会計予算書の予定経費要求書における「組織別事項別内訳」に掲げる事項名を記載すること。
　　　3　備考欄には、承認を受けようとする科目の目及び金額を記載すること。

(5) 支払計画等の様式

○国の会計帳簿及び書類の様式等に関する省令

第 二 号 書 式

部　局　等	項	計　画　額		摘　　　　　要
		増	減	

支　払　計　画　表
（所管）　　　　　　　　　　　　　　　　　　　　（年度）（会計名）第　期分　第　　号
（官署支出官　官職　氏名）（センター支出官　官職　氏名）　　　　　日本銀行（何店）

```
  第　　号
「 年　月　日        「上記計画を承認したから    「上記計画を示達する.
                      通知する.
  財務大臣　あて      各省各庁の長　あて          官署支出官　あて
    各省各庁の長      年月日財務大臣              年月日　各省各庁の長
                  」、                        」又は                    」
```

備考

1　紙の寸法は、日本産業規格Ａ列４とする。

2　変更の計画の場合には、変更による増加額又は減少額を記載し、標題の
　右側に「変更の分」と記載する。

3　変更の計画の場合には、摘要欄に既に承認済みとなつた計画表の番号、
　計画額、計画の変更の適否を審査するために必要な事項を記載する。

4　記載事項が二葉以上にわたる場合には、各葉の右上方にページ数を付す
　る。

5　本書式は、複数の所管大臣の管理に係る特別会計にあつては、当該所管
　大臣のそれぞれの所掌区分ごとに作成するものとする。この場合におい
　て、（所管）欄には、当該特別会計の所管名及び当該所掌区分に係る所管
　名を併せて記載するものとする。

第三号書式甲

<pre>
　何　　所管　　　　　　年度開始前支出計算書
　　支出官　職　氏　名　　某年度一般会計（何特別会計）　　日本銀行何店
</pre>

部　局　等	項	目	金　　　　　　額
			円

<pre>
　　　　　　　　年　　月　　日
　　　　　　　　　財　務　大　臣　　あて
　　　　　　　　　　　　各省各庁の長
</pre>

第四号書式甲

徴 収 済 額 報 告 書

<pre>
　　　　　　　　　某年度一般会計（何特別会計）
　何主管（所管）部局等　何年何月分
</pre>

科　　目	摘　要	徴収決定済額		収納済歳入額		不納欠損額		収納未済歳入額	備　　考
		本月分	本月までの累計	本月分	本月までの累計	本月分	本月までの累計		
		円	円	円	円	円	円	円	現金払込仕訳
何(部)		0	0	0	0	0	0	0	前月までの払
何(款)		0	0	0	0	0	0	0	込未済　　　0
何(項)		0	0	0	0	0	0	0	本月中現金額
何(目)		0	0	0	0	0	0	0	収額　　　　0
何(目)		0	0	0	0	0	0	0	本月中現金払
何(項)		0	0	0	0	0	0	0	込高　　　　0
									翌月へ越高0

<pre>
　　　　　　　　年　　月　　日
　　　　　　　各省各庁の長　　あて
　　　　　　　　　歳入徴収官　職　氏　名
</pre>

備　考
1　用紙の寸法は、日本産業規格A列4とする。ただし、これにより難い場合は、日本産業規格B列4とすることができる。
2　この報告書には、日本銀行の歳入金月計突合表の写しを添付するものとする。
3　勘定の区分がある特別会計にあつては、科目の欄中「何（部）」とあるのは「何（勘定）」とする。

第五号書式

年　月　日
各省各庁の長

財務大臣あて

徴 収 総 報 告 書

何主管（所管）某年度一般会計（何特別会計）何年何月分徴収総報告書を別表のとおり送付する。
（別表）

科目	歳　入予算額	徴収決定済額		収納済歳入額		不納欠損額		収納未済歳入額	摘　　要
		何月分	何月までの累計	何月分	何月までの累計	何月分	何月までの累計		
	円	円	円	円	円	円	円	円	
何（部）	0	0	0	0	0	0	0	0	
何（款）	0	0	0	0	0	0	0	0	
何（項）	0	0	0	0	0	0	0	0	
何（目）	0	0	0	0	0	0	0	0	
何（目）	0	0	0	0	0	0	0	0	
何（項）	0	0	0	0	0	0	0	0	

備　考
1　別表の用紙寸法は、日本産業規格Ａ列４とする。
2　別表が２葉以上にわたる場合には、当該各葉の右上方にページ数を付する。
3　勘定の区分がある特別会計にあつては、科目の欄中「何（部）」とあるのは「何（勘定）」とする。
4　最下欄（別表が２葉以上にわたる場合には、最終ページの最下欄）に主管（所管）合計を記載する。ただし、勘定の区分がある特別会計にあつては、この限りでない。
5　この報告書には、歳入徴収官から送付を受けた日本銀行の歳入金月計突合表を集計した表を添付することとし、収納済歳入額の累計額と歳入金月計突合表の集計額とに差額がある場合は、その旨及び理由を明らかにした書類を添付するものとする。

第 八 号 書 式

支 出 済 額 報 告 書

（所管）
（会計名）　　　　　　　　　　　　　　　　　　　　　年度　　年　　月分

部局等及び科目	支払計画示達額本月までの累計	支　　出　　済　　額						備　　　　　考
		本　月　分	本月れい入額	本月科目等更正額	本月分差引計	前月までの差引計	差　引　計	
（部　局　等） （項） （目）	円	円	円	円	円	円	円	

　　　　　年　　月　　日　　　　　　　　　　　（各省各庁の長　あて）

（センター支出官　官　職　氏　名）

支 出 済 額 報 告 書 付 表

（所管）　　　　　　　　　　　　　　　　　　　　　　　　（官署支出官所属庁名）
（会計名）　　　　　　　　　　　　　　　　　　　　　　年度　　年　　月分

部局等及び科目	支払計画示達額本月までの累計	支　　出　　済　　額						備　　　　　考
		本　月　分	本月れい入額	本月科目等更正額	本月分差引計	前月までの差引計	差　引　計	
（部　局　等） （項） （目）	円	円	円	円	円	円	円	

備考　1　用紙の大きさは、日本産業規格Ａ列４とする。
　　　2　勘定区分のある特別会計にあつては、部局等及び科目の欄中「何（部局等）」とあるのは、「（勘定）」とする。
　　　3　最終ページに合計額を付するものとする。
　　　4　記載事項が二葉以上にわたる場合には、各葉の右上方に頁数を付するものとする。
　　　5　本月科目等更正額の等とは、年度、所管、会計、部局等及び勘定をいう。
　　　6　支出済額報告書には、官署支出官ごとに作成した支出済額報告書付表を添付するものとする。
　　　7　この報告書は、電子情報処理組織を使用して作成するものとする。

第九号書式

財務大臣あて　　支　出　総　報　告　書　　　年　月　日
　　　　　　　　　　　　　　　　　　　　　　　　各省各庁の長

何所管某年度一般会計(何特別会計)何年何月分支出総報告書を別表のとおり送付する。
　(別表)その1

部局等及び科目	歳出予算額	前年度繰越額	予備費使用額	流用等増減額	歳出予算現額	摘　要
	円	円	円	円	円	
何(部局等)	0	0	0	0	0	
何(項)	0	0	0	0	0	
何(項)	0	0	0	0	0	
何(項)	0	0	0	0	0	
何(項)	0	0	0	0	0	

　　　その2

部局等及び科目	支出済歳出額		翌年度へ繰越額		歳出予算残額	摘　要
	何月分	何月までの累計	何月分	何月までの累計		
	円	円	円	円	円	
何(部局等)	0	0	0	0	0	
何(項)	0	0	0	0	0	
何(項)	0	0	0	0	0	
何(項)	0	0	0	0	0	
何(項)	0	0	0	0	0	

備　考
1　　別表その1及びその2の用紙寸法は、それぞれ日本産業規格A列4とする。
2　　別表その1又はその2のうち2葉以上にわたるものがある場合には、当該各葉の右上方にページ数を付する。
3　　勘定の区分がある特別会計にあつては、部局等及び科目の欄中「何（部局等）」とあるのは「何（勘定）」とする。
4　　一般会計において、前年度から繰り越された経費の金額、予備費使用書の決定により配賦された経費の金額又は移用し、若しくは流用した経費の金額について予算の移替えを行つた経費の金額がある場合には、別表その1中「流用等増減額」欄の次に「予算決定後移替増△減額」欄を設け、これを記入する。
5　　特別会計において、弾力条項を適用して経費を増額した金額がある場合には、別表その1中「予備費使用額」欄の次に「予算総則の規定による経費増額」の欄を設け、これを記入する。
6　　別表その1及びその2の最下欄（別表その1又はその2のうち2葉以上にわたるものがある場合には、その最終ページの最下欄）に所管（特別会計にあつては会計）合計を記載する。ただし、勘定の区分がある特別会計にあつては、この限りでない。

○支出負担行為等取扱規則

第二号書式

支払計画予定総表

何　所管

某年度一般会計（何特別会計）

部局等及び科目	歳出予算現額	支払計画予定額							支払計画未計画額	摘要
		第一・四半期分	第二・四半期分	第三・四半期分	第四・四半期分	出納整理期間分	翌年度へ繰越	計		
	円	円	円	円	円	円	円	円	円	
（部　局　等） （事項）（項） （目） 計										

年　月　日

財務大臣あて

各省各庁の長

備考　(1)　用紙の寸法は、日本産業規格A列4とすること。

　　　(2)　部局等別に計を附し、最終頁に所管合計を附すること。

　　　(3)　記載事項が二葉以上にわたる場合には、各葉の右上方に頁数を附すること。

第二号の二書式

支払計画合計表				
（所管）　（年度）　（会計名）　　　第　期分　支払計画表番号第　号一第　号　枚				
（センター支出官　官　職　氏名）　　　日本銀行（何店）				

部　局　等	項	計　画　額		摘　　　　　　　　要
		増	減	

上記金額について、別添のとおり支払計画を示達したから通知する。

センター支出官　あて

　　　年　　月　　日　　　　　　　　各省各庁の長

備考

1　紙の寸法は、日本産業規格Ａ列４とする。

2　変更の計画の場合には、変更による増加額又は減少額を記載し、標題の
　右側に「変更の分」と記載する。

3　変更の計画の場合には、摘要欄に既に承認済みとなつた計画表の番号、
　計画額、計画の変更の適否を審査するために必要な事項を記載する。

4　記載事項が二葉以上にわたる場合には、各葉の右上方にページ数を付す
　る。

5　本書式は、複数の所管大臣の管理に係る特別会計にあつては、当該所管
　大臣のそれぞれの所掌区分ごとに作成するものとする。この場合におい
　て、（所管）欄には、当該特別会計の所管名及び当該所掌区分に係る所管
　名を併せて記載するものとする。

○出納官吏事務規程

第二号書式

令和「何」年度 現金払込仕訳書 令和「何」年「何」月「何」日		
摘 要	金 額	備 考
前月まで払込未済 本月中現金額収高 計 本月中現金払込高 差引翌月へ越	円	
令和「何」年「何」月「何」日 主任（又は分任）収入官吏「官氏名」 歳入徴収官「職又は官氏名」殿		

備　考
　　用紙寸法は、日本産業規格Ａ列６とすること。ただし、事務処理上、必要があるときは、日本産業規格Ａ列４とすることができる。

（参　照）
●財政法
　〔支払計画〕
　第34条　各省各庁の長は、第31条第１項の規定により配賦された予算に基いて、政令の定めるところにより、支出担当事務職員ごとに支出の所要額を定め、支払の計画に関する書類を作製して、これを財務大臣に送付し、その承認を経なければならない。
　②　財務大臣は、国庫金、歳入及び金融の状況並びに経費の支出状況等を勘案して、適時に、支払の計画の承認に関する方針を作製し、閣議の決定を経なければならない。
　③　財務大臣は、第１項の支払の計画について承認をしたときは、各省各庁の長に通知するとともに、財務大臣が定める場合を除き、これを日本銀行に通知しなければならない。
●会計法
　〔年度開始前支出〕
　第18条　各省各庁の長は、前条に規定する経費で政令で定めるものに充てる場合に限り、必要已むを得ないときは財務大臣の承認を経て、会計年度開始前、主任の職員に対し同条の規定により資金を交付することができる。
　②　財務大臣は、前項の規定による承認をしたときは、日本銀行及び会計検査院に通知しなければならない。

〔帳簿及び報告〕

第47条　財務大臣、歳入徴収官、各省各庁の長、支出負担行為担当官、支出負担行為認証官、支出官、出納官吏及び出納員並びに日本銀行は、政令の定めるところにより、帳簿を備え、且つ、報告書及び計算書を作製し、これを財務大臣又は会計検査院に送付しなければならない。

②　出納官吏、出納員及び日本銀行は、政令の定めるところにより、その出納した歳入金又は歳出金について、歳入徴収官又は支出官に報告しなければならない。

●予算決算及び会計令

（支払計画）

第18条の9　各省各庁の長は、その執行の責に任ずべきものとして内閣から配賦された歳出予算に基づくすべての支出について、会計の区分に従い官署支出官ごとに、財政法第34条第1項に規定する支払計画を定めなければならない。

②　前項の支払計画は、毎四半期（財務大臣が経費の全部又は一部につきこれと異なる期間を指定したときは、その期間とする。以下支払計画期間という。）における当該官署支出官の支出の所要額について、歳出予算に定める部局等及び項の区分を明らかにしなければならない。

（支払計画表の作製及び送付）

第18条の10　各省各庁の長は、財務大臣の定めるところにより、前条第1項の規定により定めた支払計画に基き支払計画表を作製し、財務大臣の定める期限までに、これを財務大臣に送付しなければならない。

②　前項の支払計画表は、支払計画期間分を一括送付しなければならない。

（徴収済額報告書の作製及び送付）

第36条　歳入徴収官は、毎月、徴収済額報告書を作製し、参照書類を添え、その翌月15日（次の各号に掲げるものにあつては、それぞれ財務大臣の定める日）までに、これを当該歳入に関する事務を管理する各省各庁の長に送付しなければならない。

一　国税収納金整理資金に関する法律施行令（昭和29年政令第51号。次号において「資金令」という。）第22条第2項の規定により国税収納金整理資金（国税収納金整理資金に関する法律（昭和29年法律第36号。以下この号において「資金法」という。）第3条に規定する国税収納金整理資金をいう。次号において同じ。）から毎会計年度の歳入に組み入れるべき金額の一部が、翌年度の6月において概算額で一般会計又は特別会計（資金法第6条第2項に規定する特別会計をいう。次号において同じ。）の歳入に組み入れられたことに伴い、当該歳入を取り扱つた歳入徴収官が作製する徴収済額報告書

二　資金令第22条第1項の規定により国税収納金整理資金から毎会計年度の歳入に組み入れるべき金額が、翌年度の7月において一般会計若しくは特別会計の歳入に組み入れられ、又は決算調整資金に関する法律（昭和53年法律第4号。以下この号において「決算調整資金法」という。）第7条第1項の規定により決算調整資金（決算調整資金法第2条に規定する決算調整資金をいう。）から同資金に属する現金が、翌年度の7月において一般会計の歳入に組み入れられたことに伴い、当該歳入を取り扱つた歳入徴収官が作製する徴収済額報告書

②　在外公館の歳入徴収官は、前項の規定にかかわらず、四半期ごとに、徴収済額報告書を作製し、参照書類を添え、当該四半期経過後10日以内に、外務大臣あてに発送することができる。

（徴収総報告書の作製及び送付）

第37条　各省各庁の長は、徴収済額報告書により、毎月、徴収総報告書を作製し、参照書類を添え、その月中（前条各号に掲げる徴収済額報告書により作製するものにあつては、それぞれ財務大臣の定める日まで）にこれを財務大臣に送付しなければならない。

（支払計画の示達及び通知）

第41条　各省各庁の長は、官署支出官に支出の決定をさせようとするときは、財政法第31条第1項の規定により配賦を受けた歳出予算を当該官署支出官に対して示達しなければならない。

②　各省各庁の長は、前項の規定により歳出予算を示達するには、財政法第34条第1項の規定による財務大臣の承認を経た支払計画に定める金額の範囲内において官署支出官のよるべき支払計画を定め、当該支払計画を当該官署支出官に示達することにより、これを行わなければならない。

③　各省各庁の長は、前項の規定により示達した支払計画を財政法第34条第1項の規定による財務大臣の承認を経た支払計画に定める金額の範囲内において変更し又は取り消す必要があるときは、当該官署支出官に対して、その示達した支払計画についての変更又は取消し若しくは変更の取消しの示達をしなければならない。

④　各省各庁の長は、前三項の規定により支払計画を示達したときは、これをセンター支出官に通知しなければならない。

（年度開始前の資金交付の手続）

第54条　各省各庁の長は、会計法第18条第1項の規定により会計年度開始前において、主任の職員に対し資金を交付しようとするときは、その前渡を要する経費の金額を定め計算書を作製し、これを財務大臣に送付しなければならない。

（支出済額報告書の作成及び提出）

第64条　センター支出官は、毎月、支出済額報告書を作成し、翌月15日までに当該事務を管理する各省各庁の長に提出しなければならない。

（支出総報告書の作製及び送付）

第65条　各省各庁の長は、前条の規定により提出された支出済額報告書に基いて、支出総報告書を作製し、その月中に財務大臣に送付しなければならない。

◉**支出負担行為等取扱規則**

（支払計画予定総表等の作成及び送付）

第3条　各省各庁の長は、令第18条の10の規定により支払計画表を財務大臣に送付するときは、その審査の資料として、財政法第31条第1項の規定により配賦を受けた歳出予算に基づき、別紙第2号書式による支払計画予定総表を作成するとともに、支払計画表と同一の区分により、別紙第2号の2書式による支払計画合計表を作成し、当該支払計画表に添付しなければならない。

◉**出納官吏事務規程**

第23条　収入官吏は、現金出納簿により毎月第2号書式の現金払込仕訳書を作製し、翌月5日までにこれを歳入徴収官に送付しなければならない。

②　分任収入官吏（分任収入官吏代理を含む。以下この項において同じ。）の作製した現金払込仕訳書は、主任収入官吏（その収入官吏代理を含む。）においてこれをとりまとめ、歳入徴収官に送付するものとする。但し、歳入徴収官において必要と認めるときは、分任収入官吏をして直接これを送付させることができる。

(6)　令和6年度支出負担行為実施計画の
告示について

〔令和6年4月2日
財務省告示第98号〕

　財政法（昭和22年法律第34号）第34条の2第1項の規定に基づき、令和6年度分の予算について、支出負担行為の実施計画につき財務大臣の承認を経なければならない経費を別表のように定め、令和6年4月1日から適用する。

　ただし、令和5年度において支出負担行為の実施計画につき既に財務大臣の承認を経た経費及び令和6年度における予備費使用に係る経費を除く。

財務大臣　　鈴木　俊一

別　表

1　一般会計

(1)　歳出予算（繰越経費を含む。）

所　管	組　織	項
内　閣　府	内　閣　本　府	アイヌ政策推進費のうち
		アイヌ政策推進交付金
		沖縄振興交付金事業推進費
		沖縄振興特定事業推進費
		沖縄北部連携促進特別振興事業費のうち
		沖縄北部連携促進特別振興事業費補助金
		沖縄教育振興事業費
		沖縄開発事業費
		沖縄北部連携促進特別振興対策特定開発事業推進費
		航空機燃料税財源沖縄空港整備事業費自動車安全特別会計へ繰入
	地方創生推進事務局	地方創生推進費のうち
		地方大学・地域産業創生交付金
		地方創生基盤整備事業推進費
	こ ど も 家 庭 庁	児童福祉施設等整備費のうち
		就学前教育・保育施設整備交付金
		次世代育成支援対策施設整備交付金
総　務　省	総　務　本　省	情報通信技術利用環境整備費のうち
		放送ネットワーク整備支援事業費補助金
		電波利用料財源電波監視等実施費のうち
		無線システム普及支援事業費等補助金
	消　　防　　庁	消防防災体制等整備費のうち
		消防防災施設整備費補助金
外　務　省	外　務　本　省	分野別外交費のうち
		安全保障能力強化等援助費
		経済協力費のうち

所管	組織	項
文部科学省	文部科学本省	政府開発援助経済開発等援助費
		高等教育振興費のうち
		人材育成連携拠点形成費等補助金
		国立大学改革・研究基盤強化推進補助金
		私立学校振興費のうち
		私立大学等経常費補助金
		私立高等学校等経常費助成費補助金
		私立学校施設整備費補助金
		私立大学等研究推進費補助金
		国立大学法人施設整備費
		公立文教施設整備費のうち
		部活動地域移行促進公立学校施設整備費補助金
		公立学校施設整備費負担金
		学校施設環境改善交付金
	スポーツ庁	私立学校振興費
	文化庁	文化財保存事業費のうち
		国宝重要文化財等保存・活用事業費補助金
		国宝重要文化財等防災施設整備費補助金
		史跡等購入費補助金
厚生労働省	厚生労働本省	医療提供体制基盤整備費のうち
		医療施設等施設整備費補助金
		医療介護提供体制改革推進交付金
		医療提供体制施設整備交付金
		保健衛生施設整備費
		社会福祉施設整備費

所　管	組　　織	項
農林水産省	国立ハンセン病療養所 農　林　水　産　本　省	障害保健福祉費のうち 　心神喪失者等医療観察法指定入院医療機関施設整備費負担金 介護保険制度運営推進費のうち 　医療介護提供体制改革推進交付金 　地域介護・福祉空間整備等施設整備交付金 国立ハンセン病療養所施設費のうち 　施設整備費 農林水産物・食品輸出促進対策費のうち 　農林水産物・食品輸出促進対策整備交付金 食料安全保障確立対策費のうち 　食料安全保障確立対策整備交付金 担い手育成・確保等対策費のうち 　担い手育成・確保等対策地方公共団体整備費補助金 農地集積・集約化等対策費のうち 　農地集積・集約化等対策整備交付金 農業生産基盤整備推進費のうち 　特殊自然災害対策整備費補助金 　農業水利施設保全管理整備交付金 海岸事業費 国産農産物生産基盤強化等対策費のうち 　国産農産物生産基盤強化等対策整備交付金 農業・食品産業強化対策費のうち 　農業・食品産業強化対策整備交付金 農林水産業環境政策推進費のうち 　農林水産業環境政策推進整備交付金

所　管	組　　織	項
		農業農村整備事業費
		農業農村整備事業費食料安定供給特別会計へ繰入
		農山漁村活性化対策費のうち
		農山漁村活性化対策整備交付金
		農山漁村情報通信環境整備交付金
		農山漁村地域整備事業費
		風水害等対策費
		農業施設災害復旧事業費
		農業施設災害関連事業費
	林　　野　　庁	治山事業費
		森林整備事業費のうち
		森林環境保全整備事業費
		森林整備事業調査費
		森林環境保全整備事業費補助
		水源林造成事業費補助
		後進地域特例法適用団体補助率差額
		美しい森林づくり基盤整備交付金
		森林整備・林業等振興対策費のうち
		森林整備・林業等振興整備交付金
		山林施設災害復旧事業費
		山林施設災害関連事業費
	水　　産　　庁	漁村活性化対策費のうち
		漁村活性化対策地方公共団体整備費補助金
		海岸事業費
		水産業強化対策費のうち
		水産業強化対策整備交付金
		水産基盤整備費

所管	組織	項
		漁港施設災害復旧事業費
		漁港施設災害関連事業費
経済産業省	経済産業本省	産業保安確保費のうち
		休廃止鉱山鉱害防止等工事費補助金
		工業用水道事業費
国土交通省	国土交通本省	住宅対策事業費
		住宅対策諸費のうち
		住宅建設事業調査費
		港湾環境整備事業費
		道路環境改善事業費
		水資源開発事業費
		国営公園等事業費
		都市水環境整備事業費
		上下水道一体効率化・基盤強化推進事業費
		水道施設整備費
		下水道事業費
		市街地防災事業費
		住宅防災事業費
		都市公園防災事業費
		下水道防災事業費
		河川整備事業費
		多目的ダム建設事業費
		総合流域防災事業費
		砂防事業費
		急傾斜地崩壊対策等事業費
		防災・減災対策等強化事業推進費
		海岸事業費

所　管	組　織	項
		鉄道安全対策事業費
		道路交通安全対策事業費
		港湾事業費
		地域連携道路事業費のうち
		地域連携道路事業費
		営繕宿舎費
		道路調査費
		地域連携道路事業費補助
		高速道路連結部整備事業費補助
		高速道路自動車駐車場整備事業費補助
		道路調査費補助
		後進地域特例法適用団体補助率差額
		特定連絡道路工事資金貸付金
		整備新幹線建設推進高度化等事業費
		整備新幹線整備事業費
		航空機燃料税財源空港整備事業費自動車安全特別会計へ繰入
		航空機燃料税財源北海道空港整備事業費自動車安全特別会計へ繰入
		航空機燃料税財源離島空港整備事業費自動車安全特別会計へ繰入
		都市再生・地域再生整備事業費のうち
		都市開発事業調査費
		都市構造再編集中支援事業費補助
		市街地再開発事業費補助
		都市再生推進事業費補助
		都市開発資金貸付金
		鉄道網整備事業費
		都市・地域交通整備事業費
		道路交通円滑化事業費

所　管	組　　織	項
		社会資本整備円滑化地籍整備事業費
		社会資本総合整備事業費
		官民連携基盤整備推進調査費
		離島振興費のうち
		小笠原諸島振興開発事業費補助
		離島振興事業費
		北海道開発事業費
		北海道特定特別総合開発事業推進費
		官庁営繕費のうち
		施設整備費
		河川等災害復旧事業費
		住宅施設災害復旧事業費
		鉄道施設災害復旧事業費
		河川等災害関連事業費
	海　上　保　安　庁	船舶交通安全基盤整備事業費
環　境　省	環　境　本　省	資源循環政策推進費のうち
		廃棄物処理施設整備交付金
		廃棄物処理施設整備費
		環境保全施設整備費のうち
		施設整備費
		環境保全施設整備交付金
		自然公園等事業費
		廃棄物処理施設災害復旧事業費
防　衛　省	防　衛　本　省	防衛力基盤強化推進費のうち
		装備品取得等業務効率化推進庁費
		公務員宿舎施設費
		提供施設等整備費

所　管	組　　織	項
		不動産購入費
		障害防止対策事業費補助金
		教育施設等騒音防止対策事業費補助金
		施設周辺整備助成補助金
		道路改修等事業費補助金
		施設周辺整備統合事業費補助金
		再編推進事業費補助金
		特定防衛施設周辺整備調整交付金
		移転等補償金
		施設運営等関連補償費
		防衛力基盤強化施設整備費のうち
		施設整備費
		公務員宿舎施設費
		不動産購入費
		武器車両等整備費のうち
		武器購入費
		通信機器購入費
		車両購入費
		弾薬購入費
		諸器材購入費
		艦船整備費のうち
		艦船修理費
		艦船建造費のうち
		艦艇建造費
		支援船建造費
		航空機整備費
		在日米軍等駐留関連諸費のうち

所 管	組 織	項
	防 衛 装 備 庁	提供施設等整備費
		提供施設移設整備費
		合衆国軍隊特別協定訓練資機材調達費支出金
		防衛力基盤強化推進費のうち
		試作品費
		装備品安定製造等確保事業費
		防衛技術研究開発委託費
		防衛力基盤強化施設整備費のうち
		施設整備費
		公務員宿舎施設費

(2)　継続費（繰越経費を含む。）

所　管	組　織	項
防　衛　省	防　衛　本　省	令和2年度潜水艦建造費
		令和3年度甲V型警備艦建造費
		令和3年度潜水艦建造費
		令和4年度甲V型警備艦建造費
		令和4年度潜水艦建造費
		令和5年度甲V型警備艦建造費
		令和5年度潜水艦建造費
		令和6年度甲V型警備艦建造費
		令和6年度甲VI型警備艦建造費
		令和6年度潜水艦建造費

(3) 国庫債務負担行為

所　管	組　織	事　　項
内　閣　府	内　閣　本　府	沖縄公立学校施設整備費負担
		沖縄堰堤維持
		沖縄治水事業発注者支援業務
		沖縄堰堤公物管理補助業務
		沖縄地域連携道路事業
		沖縄道路整備事業発注者支援業務
		沖縄道路交通円滑化事業
		沖縄道路維持
		沖縄道路公物管理補助業務
		民間資金等活用沖縄無電柱化推進等事業
		沖縄道路修繕事業
		沖縄港湾改修事業
		沖縄港湾整備事業発注者支援業務
		沖縄道路交通安全施設等整備事業
		沖縄交通事故重点対策道路事業
		沖縄無電柱化推進事業
		沖縄国営公園整備
		沖縄かんがい排水事業
		競争導入公共サービス沖縄土地改良事業現場技術業務
外　務　省	外　務　本　省	経済開発等援助
文 部 科 学 省	文 部 科 学 本 省	国立大学法人施設整備費補助
		公立学校施設整備費負担
厚 生 労 働 省	国立ハンセン病療養所	国立ハンセン病療養所施設整備
農 林 水 産 省	農 林 水 産 本 省	海岸保全施設整備事業
		競争導入公共サービス土地改良事業現場技術業務
		かんがい排水事業

所　管	組　織	事　　　　　項
国　土　交　通　省	林　　野　　庁	農業水利施設管理
		農業水利施設管理業務
		農用地再編整備事業
		総合農地防災事業
		農業競争力強化基盤整備事業費補助
		農村整備事業費補助
		農村地域防災減災事業費補助
		治山事業
		国有林野内治山事業
		治山事業費補助
		森林環境保全整備事業
		国有林野地ごしらえ・植栽等事業
		国有林間伐等事業
		森林環境保全整備事業費補助
	水　　産　　庁	水産物供給基盤整備事業費補助
	国 土 交 通 本 省	港湾廃棄物処理施設整備事業費補助
		沿道環境改善事業
		道路整備事業発注者支援業務
		無電柱化推進事業
		民間資金等活用無電柱化推進等事業
		現場事務所等営繕
		無電柱化推進事業費補助
		国営公園等整備
		国営公園等事業発注者支援業務
		国営公園維持管理

所　管	組　織	事　　　　　項
		総合水系環境整備事業
		治水事業等発注者支援業務
		河川都市基盤整備事業
		河川改修事業
		車両管理業務
		河川維持修繕
		河川等公物管理補助業務
		建設機械購入
		堰堤維持
		河川総合開発事業
		治水事業用地補償総合技術業務
		流況調整河川事業
		河川工作物関連応急対策事業
		堰堤改良事業
		特定洪水対策等推進事業費補助
		特定都市河川浸水被害対策推進事業費補助
		多目的ダム建設事業
		総合流域防災対策事業
		砂防事業
		地すべり対策事業
		砂防管理
		特定緊急砂防事業
		特定土砂災害対策推進事業費補助

所　管	組　　織	事　　　　　項
		海岸保全施設整備事業
		海岸事業発注者支援業務
		海岸維持管理
		海岸保全施設整備事業費補助
		道路更新防災対策事業
		道路維持
		道路除雪
		道路公物管理補助業務
		民間資金等活用交通連携道路等事業
		道路修繕事業
		雪寒地域道路交通確保事業
		道路整備事業用地補償総合技術業務
		交通連携道路事業
		道路交通安全施設等整備事業
		交通事故重点対策道路事業
		道路更新防災等対策事業費補助
		交通連携道路事業費補助
		道路交通安全施設等整備事業費補助
		港湾改修事業
		港湾整備事業等発注者支援業務
		港湾作業船整備
		港湾改修事業費補助
		地域連携道路事業
		地域連携道路事業費補助

所　管	組　織	事　　　　　項
		都市再生推進事業費補助
		道路交通円滑化事業
		道路交通円滑化事業費補助
		離島港湾改修事業
		離島港湾整備事業発注者支援業務
		離島かんがい排水事業
		離島海岸保全施設整備事業費補助
		離島治山事業費補助
		離島道路更新防災等対策事業費補助
		離島港湾改修事業費補助
		離島水産基盤整備事業費補助
		北海道海岸事業発注者支援業務
		北海道国有林野内治山事業
		北海道河川改修事業
		北海道治水事業発注者支援業務
		北海道河川維持修繕
		北海道河川等公物管理補助業務
		北海道堰堤維持
		北海道河川総合開発事業
		北海道河川工作物関連応急対策事業
		石狩川幾春別川総合開発建設工事
		北海道堰堤改良事業
		北海道砂防事業
		北海道道路更新防災対策事業

所　管	組　　織	事　　　　　　　項
		北海道道路整備事業発注者支援業務
		北海道地域連携道路事業
		北海道道路交通円滑化事業
		北海道道路維持
		北海道道路除雪
		北海道道路公物管理補助業務
		民間資金等活用北海道無電柱化推進等事業
		北海道建設機械購入
		北海道道路修繕事業
		北海道雪寒地域道路交通確保事業
		北海道港湾改修事業
		北海道港湾整備事業発注者支援業務
		北海道総合水系環境整備事業
		北海道交通連携道路事業
		北海道道路交通安全施設等整備事業
		北海道交通事故重点対策道路事業
		北海道無電柱化推進事業
		北海道かんがい排水事業
		北海道農用地再編整備事業
		北海道総合農地防災事業
		北海道特定漁港漁場整備事業
		北海道特定漁港漁場整備事業発注者支援業務
		北海道特定土砂災害対策推進事業費補助
		北海道農業競争力強化基盤整備事業費補助
		北海道農村整備事業費補助

所　管	組　織	事　　項
防　衛　省	海　上　保　安　庁 防　衛　本　省	官庁営繕 道路災害復旧事業 河川大規模災害関連事業 船舶交通安全基盤整備事業 小型巡視船代船建造 大型測量船代船建造 提供施設等整備 障害防止対策施設整備 障害防止対策事業費補助 教育施設等騒音防止対策事業費補助 施設周辺整備助成補助 道路改修等事業費補助 自衛隊施設用地取得等 教育訓練用器材借入れ等 装備品取得等効率化推進業務 教育訓練用器材購入 教育訓練用器材整備 自衛隊施設整備 公務員宿舎改修等 武器購入 通信機器購入 車両購入 弾薬購入 諸器材購入 特定防衛調達武器購入 武器車両等整備

所　管	組　　織	事　　　　　項
	防　衛　装　備　庁	艦船整備
		艦船建造
		航空機購入
		特定防衛調達航空機購入
		航空機整備
		特定防衛調達航空機整備
		提供施設移設整備
		装備品安定製造等確保事業
		研究開発
		自衛隊施設整備

2　特別会計

(1)　歳出予算（繰越経費を含む。）

所　管	特　別　会　計	項
財務省及び 国土交通省	財　政　投　融　資 　特定国有財産整備 　勘定	特定国有財産整備費のうち 　特定施設整備費
内閣府、文部 科学省、経済 産業省及び環 境省	エ ネ ル ギ ー 対 策 　エネルギー需給勘 　定	燃料安定供給対策費のうち 　石油貯蔵施設立地対策等交付金 エネルギー需給構造高度化対策費のうち 　エネルギー使用合理化設備導入促進等対策費補助金 　二酸化炭素排出抑制対策事業費交付金 脱炭素成長型経済構造移行推進対策費のうち 　脱炭素成長型経済構造移行推進対策費交付金
	電源開発促進勘定	電源立地対策費のうち 　電源立地等推進対策交付金 　電源立地地域対策交付金 原子力安全規制対策費のうち 　原子力施設等防災対策等交付金
内閣府及び 厚生労働省	年　　　　　　金 　子ども・子育て支 　援勘定	地域子ども・子育て支援及仕事・子育て両立支援事業費のうち 　子ども・子育て支援施設整備交付金
農林水産省	食 料 安 定 供 給 　国営土地改良事業 　勘定	土地改良事業費

所　管	特　別　会　計	項
国土交通省	自　動　車　安　全 空　港　整　備　勘　定	空港整備事業費 北海道空港整備事業費 離島空港整備事業費 沖縄空港整備事業費 航空路整備事業費 成田国際空港等整備事業資金貸付金 空港等災害復旧事業費

所　　管	特別会計・所管・組織	項
国会、裁判所、会計検査院、内閣、内閣府、デジタル庁、復興庁、総務省、法務省、外務省、財務省、文部科学省、厚生労働省、農林水産省、経済産業省、国土交通省、環境省及び防衛省	東日本大震災復興 復　　興　　庁 復　　興　　庁	原子力災害復興再生支援事業費のうち 　福島再生加速化交付金 生活基盤行政復興事業費のうち 　消防防災施設災害復旧費補助金 教育・科学技術等復興政策費のうち 　私立大学等経常費補助金 社会保障等復興事業費のうち 　保健衛生施設等災害復旧費補助金 農林水産業復興事業費 東日本大震災復興事業費のうち 　国営追悼・祈念施設整備費 　農業水利施設放射性物質対策事業費 　森林環境保全整備事業費 　農業生産基盤整備事業調査費 　森林環境保全整備事業費補助 　水源林造成事業費補助 　農業生産基盤整備事業調査費補助 　循環型社会形成推進交付金 　農山漁村地域整備交付金 　社会資本整備総合交付金 東日本大震災災害復旧等事業費

(2) 国庫債務負担行為

所　　管	特　別　会　計	事　　　　　　　項
農林水産省	食料安定供給	
	国営土地改良事業勘定	かんがい排水事業
国土交通省	自　動　車　安　全	
	空港整備勘定	空港整備
		空港整備事業発注者支援業務
		空港整備事業費補助
		北海道空港整備
		離島空港整備
		離島空港整備事業費補助
		沖縄空港整備
		沖縄空港整備事業発注者支援業務
		沖縄空港整備事業費補助
		航空路整備

所　　管	特別会計・所管・組織	事　　　　　　　　　項
国会、裁判所、会計検査院、内閣、内閣府、デジタル庁、復興庁、総務省、法務省、外務省、財務省、文部科学省、厚生労働省、農林水産省、経済産業省、国土交通省、環境省及び防衛省	東日本大震災復興 復　　興　　庁 復　　興　　庁	国営追悼・祈念施設整備

3　繰　越　経　費

　財政法第34条の２第１項の規定により令和５年度において指定された経費で、令和６年度に繰り越されたもののうち、前２号に掲げるもの以外のもの。

(参　照)

●財政法

　　［支出負担行為の実施計画］

　第34条の2　各省各庁の長は、第31条第1項の規定により配賦された歳出予算、継続費
　　　及び国庫債務負担行為のうち、公共事業費その他財務大臣の指定する経費に係るもの
　　　については、政令の定めるところにより、当該歳出予算、継続費又は国庫債務負担行
　　　為に基いてなす支出負担行為(国の支出の原因となる契約その他の行為をいう。以下同
　　　じ。)の実施計画に関する書類を作製して、これを財務大臣に送付し、その承認を経な
　　　ければならない。

　②　財務大臣は、前項の支出負担行為の実施計画を承認したときは、これを各省各庁の
　　　長及び会計検査院に通知しなければならない。

●予算決算及び会計令

　(支出負担行為の実施計画)

　第18条の2　各省各庁の長は、その執行の責に任ずべきものとして内閣から配賦された
　　　歳出予算、継続費又は国庫債務負担行為のうち財政法第34条の2第1項に規定する経
　　　費に係るものに基いて支出負担行為をしようとするときは、当該支出負担行為（継続
　　　費に基く支出負担行為については当該年度においてなすものに限る。)について、会計
　　　の区分に従い、同項に規定する支出負担行為の実施計画を定めなければならない。

　②　前項の支出負担行為の実施計画は、当該支出負担行為の所要額について、歳出予算
　　　又は継続費に基く支出負担行為の実施計画に関するものは、歳出予算又は継続費に定
　　　める部局等並びに項及び目の区分を、国庫債務負担行為に基く支出負担行為の実施計
　　　画に関するものは、国庫債務負担行為に定める部局等及び事項の区分を明らかにしな
　　　ければならない。

　(支出負担行為実施計画表の作製及び送付)

　第18条の3　各省各庁の長は、前条第1項の規定により定めた支出負担行為の実施計画
　　　に基いて支出負担行為実施計画表を作製し、これを財務大臣に送付しなければならな
　　　い。

　(支出負担行為の実施計画の承認)

　第18条の4　財務大臣は、前条の規定により各省各庁の長から支出負担行為実施計画表
　　　の送付を受けたときは、その支出負担行為の実施計画が法令又は予算に違反すること
　　　がないか、積算の基礎が確実であるか等、計画の適否につき審査した上、これを承認
　　　しなければならない。

　(支出負担行為の実施計画の変更の承認)

　第18条の5　各省各庁の長は、財務大臣の承認を経た支出負担行為の実施計画について
　　　変更を要するときは、その事由を明らかにし、財務大臣の承認を求めなければならな
　　　い。

　②　前条の規定は、前項の承認について、これを準用する。

（支出負担行為の実施計画の承認に附する取消の条件）

第18条の6 財務大臣は、前2条の規定により支出負担行為の実施計画の承認又は実施計画の変更の承認をする場合において、当該実施計画が実情に沿わないことが明らかになつた場合等、その承認を取り消す必要が生じたときは、これを取り消すことができる旨の条件を附することができる。

（支出負担行為の実施計画の変更の承認等の通知）

第18条の7 財務大臣は、第18条の5の規定により変更を承認したとき又は前条の規定により附した条件に基いて承認を取り消したときは、これを各省各庁の長及び会計検査院に通知しなければならない。

◉**支出負担行為等取扱規則**

（支出負担行為実施計画表の作製）

第1条 予算決算及び会計令（昭和22年勅令第165号。以下「令」という。）第18条の3に規定する支出負担行為実施計画表は、歳出予算に基くものと継続費に基くものと国庫債務負担行為に基くものとを各別に作製しなければならない。

（支出負担行為実施計画の変更）

第5条 各省各庁の長は、令第18条の5第1項の規定により支出負担行為の実施計画の変更について財務大臣の承認を求めようとするときは、変更を要する部分について、その変更を要する事由その他変更の適否を審査するに必要な事項を明らかにした支出負担行為実施計画表を作製し、すみやかに財務大臣に送付しなければならない。

（支出負担行為実施計画及び支払計画の承認の通知）

第7条 財務大臣は、財政法第34条の2第2項の規定により支出負担行為の実施計画の承認の通知をし、又は令第18条の7の規定により支出負担行為の実施計画の変更の承認の通知をするには、それぞれ各省各庁の長から送付を受けた支出負担行為実施計画表の写に所要の補正を加え、又は所要の事項を記入した上、記名して行うものとする。

② 前項の規定は、財政法第34条第3項の規定により財務大臣が各省各庁の長に対し、支払計画の承認の通知をし、又は令第18条の14の規定により支払計画の変更の承認の通知をする場合について準用する。

（支出負担行為実施計画及び支払計画の承認の取消の通知）

第8条 財務大臣は、令第18条の7の規定により支出負担行為の実施計画の承認の取消又は支出負担行為の実施計画の変更の承認の取消の通知をするには、当該支出負担行為の実施計画の承認又は当該支出負担行為の実施計画の変更の承認の年月日、承認番号及び取消の事由を明らかにした文書をもつて行うものとする。

② 前項の規定は、令第18条の14の規定により支払計画の承認の取消し又は支払計画の変更の承認の取消しの通知をする場合について準用する。この場合において、「支出負担行為の実施計画」とあるのは「支払計画」と、「承認番号及び取消の事由」とあるのは「承認番号、官署支出官名及び取消しの事由」と読み替えるものとする。

第 一 号 書 式

○国の会計帳簿及び書類の様式等に関する省令

支 出 負 担 行 為 実 施 計 画 表

何　　　所管　　　某 年 度 一 般 会 計（何 特 別 会 計）　　　第　号

| 部局等及び科　　目 | 予算額 | 予算決定後増加額 | 承認済流用等増△減額 | 予算現額 | 支出負担行為実施計画額 | | | 支出負担行為実施未計画額 | 摘　要 |
					計画済額	今　回計画額	計		
	千円	千円	千円	千円	千円	千円	千円	千円	
（部局等）									
（事項）									
（項）									
（目）									
計									

第　　　号　　　　　　　　　　　　　　　　　　年　　月　　日
上記計画を承認したから通知する。　　　　　　　財 務 大 臣 あて
　　　年　　　月　　　日　　　　　　　　　　　　　各 省 各 庁 の 長
各省各庁の長（会計検査院長）あて
　　　　　財 務 大 臣

備考　(1)　用紙の寸法は、日本産業規格Ａ列４とすること。

　　　(2)　継続費に係るものは、その旨標題の右側に表示し、予算額欄には、継続費の総額、支出負担行為実施計画額欄には当該年度における支出負担行為実施計画額を記載するとともに、摘要欄に前年度までの年割額と当該年度の年割額（項についてのみ）との累計を括弧書すること。

　　　(3)　国庫債務負担行為に係るものは、部局等及び科目欄に事項を記載すること。

　　　(4)　予算額の移し替えは、予算額の欄において処理すること。

　　　(5)　変更の計画の場合には、標題の右側に「変更の分」と記載すること。

　　　(6)　部局等別に計を附し、最終頁に所管合計を附すること。

　　　(7)　記載事項が二葉以上に亘る場合には、各葉の右上方に頁数を附すること。

(7) 予備費の使用等について

	昭和 29. 4.16 閣議決定
改正	昭和 33. 4.28 閣議決定
改正	昭和 35. 4.12 閣議決定
改正	昭和 38. 4. 2 閣議決定
改正	昭和 39. 4. 3 閣議決定
改正	昭和 43. 4.19 閣議決定
改正	昭和 54. 4. 6 閣議決定
改正	昭和 57. 4. 9 閣議決定
改正	昭和 61. 4. 8 閣議決定
改正	昭和 62. 5.22 閣議決定
改正	平成 元. 5.30 閣議決定
改正	平成 11. 4. 2 閣議決定
改正	平成 12.12.26 閣議決定
改正	平成 15. 4. 1 閣議決定
改正	平成 17. 4. 1 閣議決定
改正	平成 18. 4. 4 閣議決定
改正	平成 19. 4. 3 閣議決定

1　財政法第35条第3項但書の規定に基づき、財務大臣の指定する経費は別表のとおりとする。

（参照）

◎財政法

　第35条

　③　財務大臣は、前項の要求〔各省各庁の長の予備費使用要求〕を調査し、これに所要の調整を加えて予備費使用書を作製し、閣議の決定を求めなければならない。但し、予め閣議の決定を経て財務大臣の指定する経費については、閣議を経ることを必要とせず、財務大臣が予備費使用書を決定することができる。

2　特別会計に関する法律第7条第2項により読み替えられた財政法第35条第3項但書の規定に基づき、財務大臣の指定する経費は別表の第1号から第11号まで及び第13号に掲げる経費とする。

（参照）

◎特別会計に関する法律

　第7条

　②　前項の規定による経費の増額については、財政法第35条第2項から第4項まで（略）の規定を準用する。この場合において、同法第35条（略）第3項中「予備費使用書」とあるのは「経費増額書」（略）と読み替えるものとする。

3　国会開会中は、第1項の経費及び次に掲げる経費を除き、予備費の使用は行なわない。

　(1)　事業量の増加等に伴う経常の経費。

　(2)　法令又は国庫債務負担行為により支出義務が発生した経費。

　(3)　災害（暴風雨、こう水、高潮、地震等異常なる天然現象により生じた災害及び火災をいう。）
　　　に基因して必要を生じた諸経費その他予備費の使用によらなければ時間的に対処し難いと認
　　　められる緊急な経費。

　(4)　その他比較的軽微と認められる経費。

4　予備費を使用した金額については、これをその目的の費途以外に支出してはならない。特別
　会計に関する法律第7条第1項の規定により増額した経費についても同様とする。

（　別　表　）

1	扶 養 手 当		17	証人等被害給付金
2	地 域 手 当		18	訟 務 費
3	休 職 者 給 与		19	検 察 費
4	公務災害補償費		20	矯 正 収 容 費
5	退 職 手 当		21	貨幣交換差減補填金
6	国家公務員共済組合負担金		22	義務教育費国庫負担金
7	賠償償還及び払戻金		23	感染症予防事業費等負担金
8	利子及び割引料		24	原爆被爆者医療費
9	年金及び恩給		25	政府職員等失業者退職手当
10	保険金、再保険金、保険給付費及び保険料還付金		26	雇用保険国庫負担金
			27	児童保護措置費負担金
11	消 費 税		28	児 童 扶 養 手 当
12	議 案 類 印 刷 費		29	生活保護扶助費負担金
13	印 紙 類 製 造 費		30	災 害 救 助 費
14	貨 幣 製 造 費		31	社会保険国庫負担金
15	褒 賞 品 製 造 費		32	家畜伝染病予防費
16	裁 判 費		33	農業共済組合連合会等交付金

III　財政の執行について

（1）公共事業等の事業に係る契約及び
　　支出の状況報告について

〔令和 6 年 3 月 29 日
財 計 第 1851 号
関 係 各 省 各 庁 宛
主 計 局 長 名〕

　標記については、「公共事業等の事業に係る契約及び支出の状況の報告につい
て」（昭和42年 5 月 1 日付蔵計第946号）により、報告を願っているところで
あるが、令和 6 年度予算に係る報告の対象事業費は、別表「公共事業等施行状
況調査対象事業費調(令和 6 年度)」によることとされたい。
　なお、関係の独立行政法人等については、この旨しかるべく御連絡願いたい。

（2）公共事業等施行状況調査対象事業費調　（令和6年度）

1．一般会計

（単位：千円）

所　管	経費区分	項　　　　目	予　算　額	備　　　考
裁　判　所	その他の事項経費	裁判所施設費 　施設整備費	14,153,631	
内　　　閣	その他の事項経費	内閣官房施設費 　施設整備費	1,587,419	
	〃	情報収集衛星施設費 　施設整備費	995,458	
		合　　　計	2,582,877	
内　閣　府	推進費等	地方創生基盤整備事業推進費	39,777,000	
	生活扶助等社会福祉費	国立児童自立支援施設整備費 　施設整備費	34,009	
	〃	児童福祉施設等整備費	31,613,618	
	科学技術振興費	沖縄政策費 　沖縄科学技術大学院大学 　学園施設整備費補助金	1,818,183	
	その他の事項経費	内閣本府施設費 　施設整備費	4,881,976	
	〃	地方創生推進費 　地方創生拠点整備交付金	5,000,000	
	〃	警察庁施設費	7,729,557	
		警察庁施設費	7,651,046	
		通信施設整備費	78,511	
	〃	交通警察費 　都道府県警察施設整備費 　補助金	16,828,048	
	〃	警察活動基盤整備費 　都道府県警察施設整備費 　補助金	5,526,996	
		合　　　計	113,209,387	
総　務　省	科学技術振興費	国立研究開発法人情報通信研究機構施設整備費	311,200	
	その他の事項経費	総務本省施設費 　施設整備費	1,030,757	
	〃	情報通信技術利用環境整備費 　放送ネットワーク整備支援事業費補助金	1,245,633	
	〃	消防庁施設費 　施設整備費	44,000	
	〃	消防防災体制等整備費 　消防防災施設整備費補助金	1,372,376	
		合　　　計	4,003,966	
法　務　省	その他の事項経費	更生保護企画調整推進費 　更生保護施設整備費補助金	27,180	
	〃	法務省施設費 　施設整備費	20,017,335	
		合　　　計	20,044,515	
外　務　省	経済協力費	独立行政法人国際協力機構施設整備費	709,106	
	その他の事項経費	外務本省施設費 　施設整備費	862,983	
		合　　　計	1,572,089	

所 管	経費区分	項　　　目	予 算 額	備　　　考
財 務 省	その他の事項経費	財務本省施設費		
		施設整備費	262,904	
	〃	公務員宿舎施設費		
		合同宿舎施設改修費	6,797,323	
	〃	特定国有財産整備費		
		特定施設整備費	8,899,721	
	〃	財務局施設費		
		施設整備費	275,140	
	〃	税関施設費		
		施設整備費	438,276	
	〃	船舶建造費		
		船舶建造費	1,059,300	
	〃	国税庁施設費		
		施設整備費	2,771,067	
		合　　　計	20,503,731	
文部科学省〔文部科学省〕	科学技術振興費	研究振興費		
		特定先端大型研究施設整備補助金	340,000	
	〃	国立研究開発法人量子科学技術研究開発機構施設整備費	3,956,238	
	〃	国立研究開発法人海洋研究開発機構船舶建造費	3,736,133	
	〃	国立研究開発法人宇宙航空研究開発機構施設整備費	6,145,851	
	〃	国立研究開発法人科学技術振興機構施設整備費	139,083	
	文教施設費	公立文教施設整備費	68,309,262	除外　北方領土隣接地域振興等
		部活動地域移行促進公立学校施設整備費補助金	50,000	事業補助率差額　37,225
		公立学校施設整備費負担金	50,531,882	
		学校施設環境改善交付金	17,727,380	
	教育振興助成費	私立学校振興費		
		私立学校施設整備費補助金	5,729,249	
	その他の事項経費	文化財保存事業費		
		国宝重要文化財等防災施設整備費補助金	2,313,886	
	〃	文化財保存施設整備費		
		平城宮跡地等整備費	91,701	
		（　小　　　計　）	90,761,403	
〔　内閣府　〕	文教施設費	沖縄教育振興事業費	4,440,000	
		（　小　　　計　）	4,440,000	
		合　　　計	95,201,403	
厚生労働省	生活扶助等社会福祉費	社会福祉施設整備費	4,916,837	
		地方改善施設整備費補助金	443,152	
		社会福祉施設等施設整備費補助金	4,473,685	
	〃	介護保険制度運営推進費		
		地域介護・福祉空間整備等施設整備交付金	1,167,208	
	〃	国立障害者リハビリテーションセンター施設費		
		施設整備費	35,944	
	保健衛生対策費	国立研究開発法人国立精神・神経医療研究センター施設整備費	1,020,098	
		国立研究開発法人国立成育医療研究センター施設整備費	1,471,890	

所 管	経費区分	項　　　目	予 算 額	備　　　考
	〃	ハンセン病資料館施設費		
		施設整備費	581,657	
	〃	医療提供体制基盤整備費	5,253,681	
		医療施設等施設整備費補助金	2,698,417	
		医療提供体制施設整備交付金	2,555,264	
	〃	保健衛生施設整備費		
		保健衛生施設等施設整備費補助金	3,869,023	
	〃	障害保健福祉費		除外　独立行政法人国立病院機構分　　　　　168,424
		心神喪失者等医療観察法指定入院医療機関施設整備費負担金	269,624	
	〃	国立ハンセン病療養所施設費		
		施設整備費	3,018,007	
	科学技術振興費	国立研究開発法人医薬基盤・健康・栄養研究所施設整備費	252,745	
	〃	厚生労働本省試験研究所施設費		
		施設整備費	370,322	
	その他の事項経費	厚生労働本省施設費		
		施設整備費	106,243	
	〃	地方厚生局施設費		
		施設整備費	78,330	
	〃	都道府県労働局施設費		
		施設整備費	162,361	
		合　　　計	22,573,970	
農林水産省〔農林水産省〕	治山事業	治山事業費	47,743,465	除外　後進地域特例法適用団体補助率差額　　2,025,000
	海岸事業	海岸事業費	6,523,015	除外　後進地域特例法適用団体補助率差額　　　403,000
	農業農村整備事業	農業農村整備事業費	190,039,674	除外　後進地域特例法適用団体等補助率差額　　　　　9,814,000
	森林整備事業	森林整備事業費	86,333,289	除外　水源林造成事業費補助　　　　　16,153,000 除外　後進地域特例法適用団体補助率差額　　　305,600 除外　国立研究開発法人森林研究・整備機構出資金　　　　　9,144,000
	水産基盤整備事業	水産基盤整備費	33,439,864	除外　後進地域特例法適用団体等補助率差額　2,003,000
	農山漁村地域整備事業	農山漁村地域整備事業費	63,140,000	
	災害復旧等事業費	農業施設災害復旧事業費	3,456,946	
		農業用施設等災害復旧費	57,946	
		農業用施設等災害復旧事業費補助	3,399,000	
	〃	農業施設災害関連事業費		除外　後進地域特例法適用団体補助率差額　　　　2,000
		農業用施設等災害関連事業費補助	203,000	
	〃	山林施設災害復旧事業費	1,591,395	
		林業用施設等災害復旧費	401,395	
		林業用施設等災害復旧事業費補助	1,190,000	

所　管	経費区分	項　　　目	予　算　額	備　　考
	〃	山林施設災害関連事業費	3,993	除外　後進地域特例法適用団体 　　　補助率差額　　697,000
		林業用施設等災害関連事 　業費	1,993	
		林業用施設等災害関連事 　業費補助	2,000	
	〃	漁港施設災害復旧事業費		
		漁港施設災害復旧事業 　費補助	193,000	
	〃	漁港施設災害関連事業費		除外　後進地域特例法適用団体 　　　補助率差額　　　38,000
		漁港施設災害関連事業 　費補助	61,000	
	科学技術振興費	農山漁村活性化対策費		
		農山漁村情報通信環境整 　備交付金	1,155,000	
	〃	農林水産技術会議施設費		
		施設整備費	149,900	
	〃	国立研究開発法人農業・食 品産業技術総合研究機構施 設整備費	929,541	
	〃	国立研究開発法人国際農林 水産業研究センター施設整 備費	180,433	
	食料安定供給関係費	農林水産物・食品輸出促進 対策費		
		農林水産物・食品輸出促 　進対策整備交付金	152,125	
	〃	食料安全保障確立対策費		
		食料安全保障確立対策整 　備交付金	93,595	
	〃	担い手育成・確保等対策費		
		担い手育成・確保等対策 　地方公共団体整備費補助 　金	398,060	
	〃	農地集積・集約化等対策費		
		農地集積・集約化等対策 　整備交付金	19,843,000	
	〃	農業生産基盤整備推進費	29,443,000	
		特殊自然災害対策整備費 　補助金	300,000	
		農業水利施設保全管理整 　備交付金	29,143,000	
	〃	国産農産物生産基盤強化等 対策費		
		国産農産物生産基盤強化 　等対策整備交付金	2,350,000	
	〃	国立研究開発法人農業・食 品産業技術総合研究機構施 設整備費	146,499	
	〃	独立行政法人家畜改良セン ター施設整備費	65,000	
	〃	農業・食品産業強化対策費		
		農業・食品産業強化対策 　整備交付金	11,971,713	
	〃	農林水産業環境政策推進費		
		農林水産業環境政策推進 　整備交付金	80,000	
	〃	農山漁村活性化対策費		
		農山漁村活性化対策整備 　交付金	5,589,701	

所　管	経費区分	項　　　目	予　算　額	備　　　考
	〃	農林水産本省検査指導所施設費		
		施設整備費	135,246	
	〃	森林整備・林業等振興対策費		
		森林整備・林業等振興整備交付金	5,394,381	
	〃	船舶建造費		
		船舶建造費	203,328	
	〃	漁村活性化対策費		
		漁村活性化対策地方公共団体整備費補助金	450,000	
	〃	水産業強化対策費		
		水産業強化対策整備交付金	1,821,272	
	その他の事項経費	農林水産本省施設費		
		施設整備費	297,457	
	〃	地方農政局施設費		
		施設整備費	379,582	
	〃	北海道農政事務所施設費		
		施設整備費	21,784	
	〃	林野庁施設費		
		施設整備費	849,567	
		（　小　　　計　）	514,828,825	
〔内閣府〕		沖縄開発事業費	17,728,486	
	治山事業	国有林野内治山事業費	30,000	
	〃	治山事業費補助	326,000	
	農業農村整備事業	かんがい排水事業費	5,631,554	
	〃	国営造成施設管理費	92,850	
	〃	総合農地防災事業費	34,744	
	〃	農業農村整備営繕宿舎費	66,805	
	〃	農業農村整備事業調査費	3,800	
	〃	農業農村整備事業費補助	6,915,469	
	森林整備事業	森林環境保全整備事業費補助	271,000	
	水産基盤整備事業	特定漁港漁場整備費	890,000	
	〃	水産基盤整備事業費補助	3,466,264	
〔国土交通省〕		離島振興事業費	23,104,000	
	治山事業	国有林野内治山事業費	198,000	
	〃	治山事業費補助	619,000	
	海岸事業	海岸保全施設整備事業費補助	298,000	
	農業農村整備事業	かんがい排水事業費	2,092,740	
	〃	農業農村整備営繕宿舎費	34,260	
	〃	農業農村整備事業費補助	5,043,000	
	森林整備事業	森林環境保全整備事業費補助	643,000	
	〃	美しい森林づくり基盤整備交付金	13,000	
	水産基盤整備事業	水産基盤整備事業費補助	9,208,000	
	農山漁村地域整備事業	農山漁村地域整備交付金	4,955,000	
		北海道開発事業費	116,072,068	
	治山事業	国有林野内治山事業費	3,370,706	
	〃	治山営繕宿舎費	17,294	
	〃	治山事業費補助	3,034,000	
	海岸事業	海岸保全施設整備事業費補助	429,000	

所　管	経費区分	項　　　目	予　算　額	備　　　考
	農業農村整備事業	かんがい排水事業費	22,305,522	
	〃	国営造成施設管理費	2,230,295	
	〃	農用地再編整備事業費	24,040,080	
	〃	総合農地防災事業費	3,590,041	
	〃	農業農村整備営繕宿舎費	161,242	
	〃	農業農村整備事業調査費	8,740	
	〃	諸土地改良事業費補助	143,004	
	〃	土地改良施設管理費補助	1,040,155	
	〃	農業競争力強化基盤整備事業費補助	16,193,209	
	〃	中山間総合整備事業費補助	236,000	
	〃	農村整備事業費補助	1,499,780	
	〃	農村地域防災減災事業費補助	405,000	
	森林整備事業	森林環境保全整備事業費補助	5,837,000	
	〃	美しい森林づくり基盤整備交付金	36,000	
	水産基盤整備事業	特定漁港漁場整備費	13,285,378	
	〃	水産基盤整備作業船整備費	18,000	
	〃	水産基盤整備営繕宿舎費	22,622	
	〃	水産基盤整備事業費補助	9,263,000	
	〃	水産基盤整備調査費補助	2,000	
	農山漁村地域整備事業	農山漁村地域整備交付金	8,904,000	
		（　小　　　計　）	156,904,554	
		合　　　計	671,733,379	
経済産業省	工業用水道事業	工業用水道事業費	2,045,000	
	その他の事項経費	経済産業本省施設費 　施設整備費	2,879,247	
	〃	経済産業局施設費 　施設整備費	180,324	
		合　　　計	5,104,571	
国土交通省 〔国土交通省〕	治水事業	水資源開発事業費 　水資源開発事業調査費	20,996	
	〃	河川整備事業費	423,256,769	除外　水資源開発事業交付金 　　　　　　　　39,286,000 除外　後進地域特例法適用団体 　　　補助率差額　　3,661,000
	〃	多目的ダム建設事業費	74,852,317	
	〃	総合流域防災事業費	6,725,938	
	〃	砂防事業費	113,700,528	除外　後進地域特例法適用団体 　　　補助率差額　　2,151,000
	〃	急傾斜地崩壊対策等事業費	21,175	
	海岸事業	海岸事業費	28,148,578	除外　後進地域特例法適用団体 　　　補助率差額　　　730,200
	道路整備事業	道路交通安全対策事業費	596,659,000	除外　道路整備事業後進地域特 　　　例法適用団体補助率差額 　　　　　　　　　1,078,000
		道路更新防災対策事業費	27,500,000	
		道路維持管理費	346,957,000	
		道路整備営繕宿舎費	804,000	
		道路更新防災等対策事業費補助	212,348,000	
		雪寒地域道路事業費補助	9,050,000	
	〃	地域連携道路事業費	544,315,000	除外　後進地域特例法適用団体 　　　補助率差額　　6,568,000

所 管	経費区分	項 目	予 算 額	備 考
		地域連携道路事業費	439,758,000	
		営繕宿舎費	1,071,000	
		道路調査費	6,192,000	
		地域連携道路事業費補助	91,978,000	
		高速道路連結部整備事業費補助	4,654,000	
		高速道路自動車駐車場整備事業費補助	3,000	
		道路調査費補助	659,000	
	〃	道路交通円滑化事業費	177,798,000	除外 後進地域特例法適用団体 補助率差額 373,000
		道路交通円滑化事業費	171,894,000	
		営繕宿舎費	404,000	
		道路交通円滑化事業費補助	5,500,000	
港湾整備事業		港湾環境整備事業費	1,437,925	除外 後進地域特例法適用団体 補助率差額 36,000
	〃	港湾事業費	178,715,114	除外 後進地域特例法適用団体 補助率差額 306,000
		港湾改修費	152,912,953	
		貸付国有港湾施設整備事業費	780,000	
		港湾作業船整備費	4,150,000	
		特定離島港湾施設整備事業費	3,260,000	
		特定離島港湾維持管理費	712,000	
		営繕宿舎費	864,161	
		港湾事業調査費	503,000	
		港湾改修費補助	15,533,000	
都市・幹線鉄道整備事業		鉄道安全対策事業費	4,677,000	
		鉄道施設総合安全対策事業費補助	4,514,000	
		鉄道防災事業費補助	163,000	除外 独立行政法人鉄道建設・ 運輸施設整備支援機構分 760,000
	〃	鉄道網整備事業費	15,985,000	除外 独立行政法人鉄道建設・ 運輸施設整備支援機構分 1,400,000
船舶交通安全基盤整備事業		船舶交通安全基盤整備事業費	23,910,662	
住宅対策事業		住宅対策事業費	300,000	
	〃	住宅対策諸費		
		住宅建設事業調査費	378,499	
	〃	住宅防災事業費	108,818,000	除外 独立行政法人都市再生機 構分 11,544,000
都市環境整備事業		道路環境改善事業費	105,231,000	除外 後進地域特例法適用団体 補助率差額 1,213,000
	〃	都市水環境整備事業費	21,827,908	
	〃	市街地防災事業費	93,000	
	〃	道路交通安全対策事業費	295,299,000	除外 道路環境整備事業後進地 域特例法適用団体補助率 差額 3,373,000
		交通連携道路事業費	16,939,000	
		道路交通安全施設等整備事業費	56,137,000	
		交通事故重点対策道路事業費	114,648,000	
		道路環境営繕宿舎費	317,000	
		交通連携道路事業費補助	54,120,000	

所　管	経費区分	項　　　目	予　算　額	備　　　考
		道路交通安全施設等整備事業費補助	53,138,000	
	〃	都市再生・地域再生整備事業費	96,321,000	
		都市開発事業調査費	1,772,000	
		都市構造再編集中支援事業費補助	70,068,000	
		市街地再開発事業費補助	10,146,000	除外　独立行政法人都市再生機構分　　　　13,000
		都市再生推進事業費補助	14,335,000	除外　独立行政法人都市再生機構分　　　2,090,000
	〃	都市・地域交通整備事業費	1,000,000	
	下水道事業	下水道事業費	12,091,779	
	〃	下水道防災事業費	79,000,000	
	水道施設整備事業	水道施設整備費	3,696,144	除外　北方領土隣接地域振興等事業補助率差額　　1,000
	国営公園等事業	国営公園等事業費	22,658,647	除外　都市開発資金貸付金　　　　　　　300,000
				除外　独立行政法人都市再生機構分　　　　10,000
	上下水道一体効率化事業	上下水道一体効率化・基盤強化推進事業費	2,924,000	
	社会資本総合整備事業推進費等	社会資本総合整備事業費	1,281,622,000	
		官民連携基盤整備推進調査費	331,000	
	〃	社会資本整備円滑化地籍整備事業費補助	1,322,000	
	災害復旧等事業費	河川等災害復旧事業費	15,780,532	
		河川等災害復旧費	2,591,106	
		道路災害復旧費	6,952,000	
		港湾災害復旧費	196,426	
		河川等災害復旧事業費補助	5,894,000	
		港湾施設災害復旧事業費補助	147,000	
	〃	住宅施設災害復旧事業費	34,000	
	〃	鉄道施設災害復旧事業費	1,000,000	
	〃	河川等災害関連事業費	8,408,593	除外　後進地域特例法適用団体補助率差額　　490,000
		河川等災害関連事業費	5,846,593	
		河川等災害関連事業費補助	2,546,000	
		港湾施設災害関連事業費	16,000	
		離島振興事業費	32,017,000	
	治水事業	堰堤改良費補助	182,000	
	〃	特定洪水対策等推進事業費補助	80,000	
	〃	特定土砂災害対策推進事業費補助	291,000	
	海岸事業	海岸保全施設整備事業費補助	539,000	
	道路整備事業	道路更新防災等対策事業費補助	2,072,000	
	港湾整備事業	港湾改修費	1,557,000	
	〃	港湾営繕宿舎費	57,000	
	〃	港湾改修費補助	3,514,000	
	都市環境整備事業	道路交通安全施設等整備事業費補助	1,512,000	

所　管	経費区分	項　　　　目	予　算　額	備　　　考
		無電柱化推進事業費補助	174,000	
	水道施設整備事業	水道施設整備費補助	1,400,000	
	上下水道一体効率化事業	上下水道一体効率化・基盤強化推進事業費補助	20,000	
	社会資本総合整備事業	社会資本整備総合交付金	8,981,000	
	〃	防災・安全交付金	11,638,000	
		北海道開発事業費	393,984,979	
	治水事業	河川改修費	34,717,115	
	〃	河川維持修繕費	14,679,809	
	〃	堰堤維持費	7,927,883	
	〃	河川総合開発事業費	4,703,239	
	〃	河川工作物関連応急対策事業費	1,334,575	
	〃	石狩川幾春別川総合開発建設費	5,430,865	
	〃	堰堤改良費	977,000	
	〃	総合流域防災対策事業費	617,508	
	〃	砂防事業費	3,931,716	
	〃	治水営繕宿舎費	312,711	
	〃	河川事業調査費	28,292	
	〃	河川総合開発事業調査費	22,287	
	〃	治水ダム等建設事業費補助	777,000	
	〃	堰堤改良費補助	180,000	
	〃	特定洪水対策等推進事業費補助	7,745,000	
	〃	特定土砂災害対策推進事業費補助	1,983,000	
	海岸事業	海岸保全施設整備事業費	478,938	
	〃	海岸営繕宿舎費	62	
	〃	海岸保全施設整備事業費補助	198,000	
	道路整備事業	道路更新防災対策事業費	7,990,000	
	〃	地域連携道路事業費	69,354,000	
	〃	道路交通円滑化事業費	490,000	
	〃	道路維持管理費	97,506,000	
	〃	道路整備営繕宿舎費	439,000	
	〃	道路調査費	31,000	
	〃	地域連携道路事業費補助	400,000	
	〃	道路更新防災等対策事業費補助	20,316,000	
	〃	雪寒地域道路事業費補助	4,032,000	
	〃	道路調査費補助	47,000	
	〃	特定道路事業交付金	1,840,000	
	港湾整備事業	港湾改修費	14,768,435	
	〃	港湾作業船整備費	74,000	
	〃	港湾営繕宿舎費	108,565	
	〃	港湾事業調査費	12,000	
	〃	港湾改修費補助	290,000	
	住宅対策事業	住宅市街地総合整備促進事業費補助	300,000	
	都市環境整備事業	総合水系環境整備事業費	796,931	
	〃	都市水環境営繕宿舎費	2,562	
	〃	道路交通安全施設等整備事業費	11,352,000	

所　管	経費区分	項　　目	予　算　額	備　　考
	〃	交通事故重点対策道路事業費	4,635,000	
	〃	無電柱化推進事業費	2,103,000	
	〃	道路環境営繕宿舎費	45,000	
	〃	総合水系環境整備事業調査費	1,507	
	〃	交通連携道路事業費	1,480,000	
	〃	交通連携道路事業費補助	399,000	
	〃	道路交通安全施設等整備事業費補助	3,908,000	
	〃	無電柱化推進事業費補助	906,000	
	下水道事業	下水道防災事業費補助	1,450,000	
	水道施設整備事業	水道施設整備費補助	2,820,000	
	国営公園等事業	国営公園等維持管理費	1,227,979	
	〃	国営公園営繕宿舎費	1,000	
	〃	都市公園事業費補助	505,000	
	上下水道一体効率化事業	上下水道一体効率化・基盤強化推進事業費補助	56,000	
	社会資本総合整備事業	社会資本整備総合交付金	24,404,000	
	〃	防災・安全交付金	33,771,000	
	推進費等	社会資本整備円滑化地籍整備事業費補助	78,000	
	科学技術振興費	国立研究開発法人土木研究所施設整備費	360,148	
	〃	国立研究開発法人建築研究所施設整備費	76,519	
	〃	国立研究開発法人海上・港湾・航空技術研究所施設整備費	100,396	
	〃	国土技術政策総合研究所施設費		
		施設整備費	86,796	
	その他の事項経費	国土交通本省施設費		
		施設整備費	67,424	
	〃	河川管理施設整備費	51,343	
	〃	離島振興費		
		小笠原諸島振興開発事業費補助	901,601	
	〃	官庁営繕費		
		施設整備費	15,417,509	
	〃	国土地理院施設費	59,726	
	〃	北海道開発局施設費		
		施設整備費	35,939	
	〃	気象官署施設費		
		施設整備費	35,041	
	〃	海上保安官署施設費		
		施設整備費	3,829,815	
	〃	船舶建造費		
		船舶建造費	31,908,003	
		（小　　計）	4,727,293,343	
〔　内閣府　〕		沖縄開発事業費	83,197,095	
	治水事業	堰堤維持費	2,565,446	
	〃	治水営繕宿舎費	13,985	
	〃	治水事業調査費	12,000	
	〃	堰堤改良費補助	6,000	
	〃	特定洪水対策等推進事業費補助	14,000	
	〃	特定土砂災害対策推進事業費補助	72,000	

所 管	経費区分	項　　　目	予 算 額	備　　　考
	海岸事業	海岸事業調査費	3,400	
	〃	海岸保全施設整備事業費補助	69,000	
	道路整備事業	地域連携道路事業費	2,006,000	
	〃	道路交通円滑化事業費	20,960,000	
	〃	道路維持管理費	5,985,000	
	〃	道路整備営繕宿舎費	174,000	
	〃	道路調査費	7,000	
	〃	地域連携道路事業費補助	3,906,000	
	〃	道路更新防災等対策事業費補助	1,509,000	
	〃	道路維持費補助	22,000	
	〃	道路調査費補助	35,000	
	港湾整備事業	港湾改修費	13,861,317	
	〃	港湾作業船整備費	14,000	
	〃	港湾営繕宿舎費	29,340	
	〃	港湾事業調査費	12,000	
	〃	港湾改修費補助	144,000	
	都市環境整備事業	道路交通安全施設等整備事業費	1,740,000	
	〃	交通事故重点対策道路事業費	3,160,000	
	〃	無電柱化推進事業費	1,020,000	
	〃	道路環境営繕宿舎費	4,000	
	〃	道路交通安全施設等整備事業費補助	736,000	
	〃	無電柱化推進事業費補助	583,000	
	水道施設整備事業	水道施設整備費補助	3,360,000	
	国営公園等事業	国営公園整備費	2,667,000	
	〃	国営公園維持管理費	1,815,567	
	〃	国営公園営繕宿舎費	2,040	
	社会資本総合整備事業	社会資本整備総合交付金	13,140,000	
	〃	防災・安全交付金	3,549,000	
		合　　　計	4,810,490,438	
環 境 省 〔環境省〕	廃棄物処理施設整備事業	廃棄物処理施設整備費	37,499,579	除外　北方領土隣接地域振興等事業補助率差額 104,796
	自然公園等事業	自然公園等事業費	7,176,797	
	災害復旧等事業	廃棄物処理施設災害復旧事業費	30,000	
	科学技術振興費	国立研究開発法人国立環境研究所施設整備費	670,777	
	その他の事項経費	環境本省施設費		
		施設整備費	1,652,182	
	〃	資源循環政策推進費		
		廃棄物処理施設整備交付金	1,197,922	
	〃	生物多様性保全等推進費		
		環境保全施設整備費補助金	224,000	
	〃	環境保全施設整備費	394,710	
		施設整備費	334,710	
		環境保全施設整備交付金	60,000	
	〃	環境保健対策推進費		
		水俣病総合対策施設整備費補助金	307,345	

所　管	経費区分	項　　　目	予　算　額	備　　　考
〔　内閣府　〕	〃	地方環境事務所施設費 　施設整備費	40,012	
	〃	原子力規制委員会施設費 　施設整備費	1,789,955	
		（　小　　　計　）	50,983,279	
	廃棄物処理施設整備事業	沖縄開発事業費 　循環型社会形成推進交付金	1,206,000	
〔国土交通省〕	廃棄物処理施設整備事業	離島振興事業費 　循環型社会形成推進交付金	1,067,000	
	〃	北海道開発事業費 　循環型社会形成推進交付金	1,845,000	
		（　小　　　計　）	2,912,000	
		合　　　計	55,101,279	
防　衛　省	防衛関係費	防衛本省施設費 　施設整備費	2,765,721	
	〃	防衛力基盤強化推進費	179,189,964	
		公務員宿舎施設費	389,888	
		提供施設等整備費	12,235,946	
		障害防止対策事業費補助金	8,736,811	
		教育施設等騒音防止対策事業費補助金	68,347,797	
		施設周辺整備助成補助金	39,733,722	
		道路改修等事業費補助金	6,785,980	
		施設周辺整備統合事業費補助金	916,361	
		再編推進事業費補助金	723,503	
		特定防衛施設周辺整備調整交付金	41,319,956	
	〃	防衛力基盤強化施設整備費	259,310,876	
		施設整備費	231,108,834	
		公務員宿舎施設費	28,202,042	
	〃	艦船建造費	64,098,362	
		艦艇建造費	63,765,773	
		支援船建造費	332,589	
	〃	令和2年度潜水艦建造費	16,372,472	
	〃	令和3年度甲Ⅴ型警備艦建造費	21,126,166	
	〃	令和3年度潜水艦建造費	13,833,372	
	〃	令和4年度甲Ⅴ型警備艦建造費	43,548,489	
	〃	令和4年度潜水艦建造費	16,765,318	
	〃	令和5年度甲Ⅴ型警備艦建造費	17,027,835	
	〃	令和5年度潜水艦建造費	6,593,130	
	〃	令和6年度甲Ⅴ型警備艦建造費	1,697,088	
	〃	令和6年度甲Ⅵ型警備艦建造費	584,724	
	〃	令和6年度潜水艦建造費	6,267,608	
	〃	在日米軍等駐留関連諸費	207,468,763	
		提供施設等整備費	41,845,783	
		提供施設移設整備費	165,622,980	
	〃	地方防衛局施設費 　施設整備費	186,191	
		合　　　計	856,836,079	
		一般会計　合　計	6,693,111,315	

２．特別会計

特別会計（勘定）	経費区分	項目	予算額	備考
財政投融資〔特定国有財産整備勘定〕	その他の事項経費	特定国有財産整備費 　特定施設整備費	7,687,950	
労働保険〔労災勘定〕	雇用労災対策費	労働安全衛生対策費 　施設整備費	22,000	
	〃	社会復帰促進等事業費 　施設整備費	955,444	
	〃	独立行政法人労働者健康安全機構施設整備費	1,413,406	
	〃	施設整備費 　施設整備費	1,426,348	
		（　小　　計　）	3,817,198	
〔雇用勘定〕	雇用労災対策費	高齢者等雇用安定・促進費 　施設整備費	6,434	
	〃	職業能力開発強化費 　職業能力開発校設備整備費等補助金	4,258,803	
	〃	独立行政法人高齢・障害・求職者雇用支援機構施設整備費	4,782,998	
	〃	施設整備費 　施設整備費	3,720,899	
		（　小　　計　）	12,769,134	
		合　　計	16,586,332	
年金〔子ども・子育て支援勘定〕	生活扶助等社会福祉費	地域子ども・子育て支援及仕事・子育て両立支援事業費 　子ども・子育て支援施設整備交付金	15,583,970	
食料安定供給〔国営土地改良事業勘定〕	農業農村整備事業	土地改良事業費	2,982,369	
特許	その他の事項経費	施設整備費 　施設整備費	998,070	

特別会計 （勘定）	経費区分	項　　目	予算額	備　　考
自動車安全 〔自動車 事故対策 勘定〕	その他の事 項経費	独立行政法人自動車事故対 策機構施設整備費	170,817	
〔自動車 検査登録 勘定〕	その他の事 項経費	独立行政法人自動車技術総 合機構施設整備費	1,830,573	
	〃	施設整備費		
		施設整備費	1,676,634	
		（小　　計）	3,507,207	
〔空港整備 勘定〕	空港整備事 業	空港等維持運営費		
		施設整備費	769,455	
	〃	空港整備事業費	141,103,173	除外　後進地域特例法適用団体 補助率差額　　402,000
	〃	北海道空港整備事業費	10,349,686	
	〃	離島空港整備事業費	2,824,360	
	〃	沖縄空港整備事業費	11,413,191	
	〃	航空路整備事業費	26,608,206	
		（小　　計）	193,068,071	
		合　　計	196,746,095	
東日本大震災 復興 内閣府 〔復興庁〕	その他の事 項経費	治安復興事業費 　都道府県警察施設整備費 　補助金	300,844	
総務省 〔復興庁〕	その他の事 項経費	生活基盤行政復興事業費 　消防防災施設災害復旧費 　補助金	6,666	
文部科学省 〔復興庁〕		教育・科学技術等復興事業 費	32,078	
	文教施設費	公立諸学校建物其他災害 　復旧費補助金	32,078	
厚生労働省 〔復興庁〕	保健衛生対 策費	社会保障等復興事業費 　保健衛生施設等災害復旧 　費補助金	678,993	
		合　　計	678,993	

特 別 会 計 （勘 定）	経費区分	項　　目	予 算 額	備　　考
農林水産省 〔　復興庁　〕		東日本大震災復興事業費	4,404,000	除外　水源林造成事業費補助 182,000
	農業農村整 備事業	農業水利施設放射性物質 対策事業費	104,000	
	〃	農業生産基盤整備事業調 査費	208,000	
	〃	農業生産基盤整備事業調 査費補助	198,000	
	森林整備事 業	森林環境保全整備事業費	1,722,000	
	〃	森林環境保全整備事業費 補助	2,087,000	
	農山漁村地 域整備事業	農山漁村地域整備交付金	85,000	
	災害復旧等 事業費	東日本大震災災害復旧等事 業費	536,000	
		農業用施設災害復旧事業 費補助	238,000	
		農地災害復旧事業費補助	158,000	
		漁港施設災害復旧事業費 補助	136,000	
		農業用施設等災害関連事 業費補助	4,000	
	食料安定供 給関係費	農林水産業復興事業費	3,292,500	
		林業振興整備費補助金	855,000	
		農業・食品産業強化対策 整備交付金	2,437,500	
		合　　　　　計	8,232,500	
経済産業省 〔　復興庁　〕	中小企業対 策費	経済・産業及エネルギー安 定供給確保等復興事業費		
		中小企業組合等共同施設 等災害復旧費補助金	889,017	
国土交通省 〔　復興庁　〕		東日本大震災復興事業費	17,259,752	
	国営公園等 事業	国営追悼・祈念施設整備 費	1,083,752	
	社会資本総 合整備事業	社会資本整備総合交付金	16,176,000	
	災害復旧等 事業費	東日本大震災災害復旧等事 業費		
		河川等災害復旧事業費補 助	6,518,000	
		合　　　　　計	23,777,752	

特 別 会 計 （勘 定）	経費区分	項　　　目	予 算 額	備　　　考
環 境 省 〔 復興庁 〕	廃棄物処理 施設整備事 業	東日本大震災復興事業費 　循環型社会形成推進交付 　金	1,190,000	
	その他の事 項経費	環境保全復興事業費	92,237,317	
	〃	施設整備費	7,994,289	
		放射性物質除去土壌等管 理施設整備費	84,243,028	
		合　　　計	93,427,317	
		特別会計　合　計	367,929,953	

3．独立行政法人等

（単位：千円）

法 人 等 名	区　　分	予　算　額	備　　考
国立大学法人	事業計画による	事業計画による	
独立行政法人国立高等専門学校機構	年度計画による	年度計画による	
独立行政法人国立病院機構	〃	〃	
国立研究開発法人森林研究・整備機構	〃	〃	
独立行政法人都市再生機構	〃	〃	
独立行政法人鉄道建設・運輸施設整備支援機構	〃	〃	
独立行政法人水資源機構	〃	〃	
成田国際空港株式会社	事業計画による	事業計画による	
東日本高速道路株式会社	〃	〃	
首都高速道路株式会社	〃	〃	
中日本高速道路株式会社	〃	〃	
西日本高速道路株式会社	〃	〃	
阪神高速道路株式会社	〃	〃	

(3) 公共事業等の事業に係る契約及び支出の状況の報告について

〔昭和42年5月1日
蔵 計 第946号
関係各省各庁宛
大 蔵 大 臣 名〕

　昭和41年度における公共事業等の事業の施行状況については、公共事業等施行推進本部の廃止後も報告をお願いしてきたところであるが、昭和42年度以降においても引き続き公共事業等の事業の施行状況を把握しておく必要があるので、別添の要領により報告されたい。

　なお、関係政府関係機関、公団及び事業団については、この旨しかるべく、連絡願いたい。

(別添) 昭和○○年度公共事業等事業施行状況調 (　月分)

単位：百万円 (百万円未満切捨)

区　　　分	(歳出・支出) 予算現額 A	契　約　済　額					支　出　済　額				
		本月分 B	B/A	本月まで累計 C	C/A		本月分 D	D/A	本月まで累計 E	E/A	
			%		%			%		%	
(所管) (一般会計) 直轄 補助 (経費別区分) (項) 又は (事業別) 直轄 補助 直轄 補助 (特別会計) (経費別区分) (以下一般会計と同じ) (政府関係機関) (…勘定、施設費) (公団及び事業団) (…建設費、事業費 建設費、事業費)											

記載要領

1. 区　分　欄

　（経費別区分）は、別表に掲げる事業に係る経費別による。

2. （歳出・支出）予算現額欄

(1) 予算現額は、1.の経費別の昭和〇〇年度の予算額（経費別の金額のうち一部が報告対象から除外されているときは、当該金額を除外した額。以下同じ。）に昭和〇〇年度の前年度からの繰越見込額（昭和〇〇年3月31日現在）を加えた額とし、当該繰越見込額は（　）内書で上段に掲げる。なお、予算額は、暫定予算に係る年度にあっては、本予算の額とし、予備費の使用等又は予算の補正があったときは、これを含むものとし、また、繰越見込額は繰越額が確定したときは、これを訂正のうえ（　）内書で上段に掲げる。

(2) 一般会計から特別会計へ財源を繰り入れ、特別会計において行う事業については、予算現額は特別会計のみに掲げ、また、一般会計又は特別会計から政府関係機関、公団又は事業団に出資、交付又は補助して、政府関係機関、公団又は事業団において行う事業については、予算現額は、政府関係機関、公団又は事業団のみに掲げ、それぞれ特別会計、政府関係機関、公団又は事業団の事業として整理する。

(3) 移替え対象経費については、当初から移替えを受ける所管の経費として当該移替えを受ける所管に掲げる。

(4) 計数の集計をする場合、（経費別区分）の金額は、（経費別区分）の直轄又は補助において（項）又は（事業別）がそれぞれ一つしかないときは、当該（項）又は（事業別）の金額は、（経費別区分）の直轄又は補助の欄に記載することを要しない。

3. 契約済額及び支出済額のそれぞれの欄

(1) 国の直轄事業の場合

　イ　契約済額は、事業の施行主体と民間との間の契約済額を掲げ、支出済額は支出官の支出済額を掲げる。

　ロ　繰越額に係る契約済額及び支出済額の整理は、次による。

	契約済額	支出済額
非故繰越の場合	年度の当初に繰越額を契約済額として整理する。	小切手振出しのときに当該振出し額を支出済額として整理する。
明許繰越の場合　契約済で繰り越した場合	同上	同上
明許繰越の場合　未契約で繰り越した場合	契約を締結したときに当該契約額を契約済額として整理する。	同上

へ　国庫債務負担行為に係る契約済額及び支出済額の整理は、次の例による

(例 1)

	41年度の契約限度額100億円	41年度の歳出化額 40億円	42年度の歳出化額 60億円
契約済額			41年度にすでに契約済であるが、42年度当初に60億円を契約済として整理する。
支出済額			小切手振出しのときに当該振出し額を支出済額として整理する。

(例 2)

	41年度の契約限度額100億円	41年度の歳出化額 0億円	42年度の歳出化額 100億円
契約済額			41年度にすでに契約済であるが、42年度当初に100億円を契約済として整理する。
支出済額			(例 1)と同じ。

（例3）

	42年度の契約限度額 100億円	42年度の歳出化額 40億円	43年度以降の歳出化額 60億円
契 約 済 額		42年度に契約をしたときに40億円を契約済額として整理する。	
支 出 済 額		（例1）と同じ。	

（例4）

	42年度の契約限度額 100億円	42年度の歳出化額 0億円	43年度以降の歳出化額 100億円
契 約 済 額		整理の必要なし。	
支 出 済 額		同　　上	

（例5）

	40年度の契約限度額 100億円	40年度の歳出化額 20億円	41年度の歳出化額 50億円	42年度の歳出化額 30億円
契 約 済 額				40年度にすでに契約済であるが、42年度当初に30億円を契約済として整理する。
支 出 済 額				（例1）と同じ。

二　用地費、補償費、労務費、消耗器材費等請負契約の対象とならない経費については、支出負担行為を行ったときに契約済額とし、小切手振出しのときに振出し額を支出済額として整理する。なお、前渡資金払に係るものについては、支出官が資金前渡したときに当該資金前渡額を契約済額又は支出済額として整理する。

(2)　補助事業の場合

イ　直接補助事業の場合の契約済額は、直接補助事業者と民間との間の契約済額を掲げ、支出済額は、支出官の支出済額を掲げる。

ロ　間接補助事業（国→県→市町村又は団体）の場合の契約済額は、事業の施行主体（市町村又は団体）と民間との間の契約済額を掲げ、支出済額は、支出官の支出済額を掲げる。

ハ　補助事業の事務費等請負契約の対象とならない経費については、支出官の支出のときに当該支出額を契約済額又は支出済額として整理する。

二　補助事業の契約済額は、直接補助事業者又は間接補助事業者が行う全体の事業費に対する補助予算現額の比率により算定する。

(3)　出納整理期間中の支出済額は、本来の年度の４月分又は５月分の支出済額と区分して別途に作成する。

(4)　繰越額に係る契約済額又は支出済額は、（　）内書で上段に掲げる。

4.　％は小数点以下１位まで掲げるものとし、２位以下は切り捨てる。

5.　政府関係機関、公団及び事業団については、上記各号に準ずる。この場合、支出済額は支出決定額とする。

6.　本表は、毎月分を翌月末日までに主計局司計課に送付（政府関係機関、公団及び事業団は主務省を経由のこと。）する。

Ⅳ　令和 6 年度歳出予算目の区分表

（1）　令和6年度一般会計、特別会計歳出予算目の区分表

　　　1　本表のうち（　）内の科目は、同一種類の「目」を包括して表現したものであり、
　　　＊印のあるものは、特別会計特有のものである。
　　　2　目番号は、予算書に付したコード番号のうち、下2桁の番号である。
　　　3　説明欄に記載している法律名、条項等については、改正等により異同を生ずる場合
　　　がある。

目番号	目	説　　明
01	議　員　歳　費	衆議院及び参議院の議長、副議長及び議員の歳費、期末手当 ◎国会議員の歳費、旅費及び手当等に関する法律　第1条・11条の2
02	職　員　基　本　給 政府開発援助職員基本給	
	02-01　職　員　俸　給	一般職及び特別職の定員職員に対する俸給、給料又は報酬並びに俸給の調整額
	02-02　扶　養　手　当	一般職及び特別職の定員職員に対する扶養手当
	02-03　地　域　手　当	一般職及び特別職の定員職員に対する地域手当
03	職　員　諸　手　当 政府開発援助職員諸手当	
	03-01　管　理　職　手　当	一般職及び特別職の定員職員に対する俸給又は給料の特別調整額
	03-02　初任給調整手当	一般職及び特別職の定員職員に対する初任給調整手当
	03-03　通　勤　手　当	一般職及び特別職の定員職員に対する通勤手当
	03-04　特殊勤務手当	一般職及び特別職の定員職員に対する特殊勤務手当
	03-05　特地勤務手当	一般職及び特別職の定員職員に対する特地勤務手当及び特地勤務手当に準ずる手当
	03-06　宿　日　直　手　当	一般職及び特別職の常勤職員に対する宿日直手当
	03-07　期　末　手　当	一般職及び特別職の定員職員に対する期末手当
	03-08　勤　勉　手　当	一般職及び特別職の定員職員に対する勤勉手当
	03-10　寒　冷　地　手　当	一般職及び特別職の定員職員に対する寒冷地手当
	03-11　住　居　手　当	一般職及び特別職の定員職員に対する住居手当
	03-12　単身赴任手当	一般職及び特別職の定員職員に対する単身赴任手当
	03-13　管理職員特別勤務手当	一般職及び特別職の定員職員に対する管理職員特別勤務手当
	03-17　広域異動手当	一般職及び特別職の定員職員に対する広域異動手当
	03-18　専門スタッフ職調整手当	一般職及び特別職の定員職員に対する専門スタッフ職調整手当
	03-19　本府省業務調整手当	一般職及び特別職の定員職員に対する本府省業務調整手当
	03-20　在宅勤務等手当	一般職及び特別職の定員職員に対する在宅勤務等手当

目番号	目	説　　明
	03−23　警　備　手　当	裁判長又は裁判官の命を受けた裁判所職員がその職務執行に危険を伴う場合に支給する手当 ◎法廷等の秩序維持に関する法律 　○法廷の秩序維持等にあたる裁判所職員に関する規則 　　裁判所職員に対する特別警備手当の支給に関する規程 　　第1条
	03−26　国際平和協力手当	国際平和協力業務に従事する者に対して支給する手当 ◎国際連合平和維持活動等に対する協力に関する法律　第17条 　○南スーダン国際平和協力隊の設置等に関する政令　第3条 　○シナイ半島国際平和協力隊の設置等に関する政令　第3条
	03−30　航　空　手　当 03−31　乗　組　手　当 03−32　落下傘隊員手当 03−33　特別警備隊員手当 03−34　特殊作戦隊員手当 03−35　航　海　手　当 03−36　営　外　手　当	防衛省の自衛官に対する航空手当、乗組手当、落下傘隊員手当、特別警備隊員手当、特殊作戦隊員手当、航海手当及び営外手当 ◎防衛省の職員の給与等に関する法律　第16〜18条 　○防衛省の職員の給与等に関する法律施行令　第11条の3・11条の4・12条・12条の2〜4 　　防衛省職員給与施行細則　第3条の3〜5・30・31条
	03−40　在勤基本手当 03−41　配偶者手当 03−42　館長代理手当 03−44　特殊語学手当 03−45　在外住居手当 03−46　研修員手当 03−47　子女教育手当	在外公館に勤務する外務公務員に対する在勤基本手当、配偶者手当、館長代理手当、特殊語学手当、住居手当、研修員手当、子女教育手当 ◎外務公務員法　第13条 　○在外公館の名称及び位置並びに在外公館に勤務する外務公務員の給与に関する法律　第2・5・6・10・12・13条・15条の2・16・18・19条
	特定任期付職員業績手当	一般職の定員職員に対する特定任期付職員業績手当
04	超　過　勤　務　手　当	一般職及び特別職の定員職員に対する超過勤務手当、休日給及び夜勤手当
05	議　員　秘　書　手　当	国会議員の秘書に対する給料、通勤手当、期末手当、勤勉手当及び住居手当 ◎特別職の職員の給与に関する法律　第12条 　○国会議員の秘書の給与等に関する法律　第3・10・11・14・15条 　　国会議員の秘書の給与の支給等に関する規程 　　国会法　第132条
	（委　員　手　当） 委　員　手　当 ○　○　委　員　手　当 会　員　手　当 日本芸術院会員手当 日本学士院会員年金	委員会、審議会等の一般職及び特別職の非常勤の委員等（顧問若しくは参与の職にある者又は人事院の指定するこれらに準ずる職にある者を含む。）及び特別職の職員の給与に関する法律第4条に規定する者に対する手当並びに日本学士院会員、日本芸術院会員に対する年金。ただし、常勤の国家公務員（教育公

目番号	目	説　　　明
		務員を除く。）の兼職の者を除く。（国家公務員法第101条） ◎国家公務員法　第63条 　○一般職の職員の給与に関する法律　第22条第1項 　　非常勤職員の給与（人事院規則9－1） 　○司法試験法　第13・15条 ◎特別職の職員の給与に関する法律　第4・9・14条 ◎裁判所職員臨時措置法　本則第3号 　○一般職の職員の給与に関する法律　第22条第1項 ◎文部科学省設置法　第23条第4項 　○日本芸術院会員年金支給規則 ◎日本学士院法　第9条 　○日本学士院会員年金支給規則
	非常勤職員手当 統計調査員手当 ○○員手当	一般職の非常勤職員及びこれらに準ずる特別職の職員等に対する給与（非常勤職員で委員手当を受ける者を除く。） ◎国家公務員法　第63条 　○一般職の職員の給与に関する法律　第22条第1項・2項 　　非常勤職員の給与（人事院規則9－1） ◎特別職の職員の給与に関する法律　第11条 　○国会職員法　第25条 　　国会職員の給与等に関する規程　第15条 ◎裁判所職員臨時措置法　本則第3号 　○一般職の職員の給与に関する法律　第22条第2項 ◎防衛省の職員の給与等に関する法律　第26条 　○一般職の職員の給与に関する法律　第22条第2項
	予備隊員手当	防衛省における予備自衛官、即応予備自衛官及び予備自衛官補に対する手当 ◎防衛省の職員の給与等に関する法律　第24条の3～7 　○防衛省の職員の給与等に関する法律施行令　第17条の11 　　～15
	退職手当	1．退職した職員に対する退職手当 ◎国家公務員退職手当法 　○国家公務員退職手当法施行令 ◎防衛省の職員の給与等に関する法律　第28条の2・28条の 　3 　○防衛省の職員の給与等に関する法律施行令　第25条の2 ◎最高裁判所裁判官退職手当特例法 2．防衛省における自衛官に対する特別退職手当 ◎防衛省の職員の給与等に関する法律　第28条 　○防衛省の職員の給与等に関する法律施行令　第25条
	議員秘書退職手当	国会議員の秘書に対する退職手当 ◎国会議員の秘書の給与等に関する法律　第19条 　○国会議員の秘書の退職手当支給規程
	政府職員等失業者退職手当	退職者で失業中の者に対し、公共職業安定所で支給する退職手当

目番号	目	説　明
		◎国家公務員退職手当法　第10条
		○失業者の退職手当支給規則
	児　童　手　当	国家公務員に対する児童手当
		◎児童手当法　第4・17条・18条第4項・附則第2条
	待　命　職　員　給　与	大使、公使の待命者に対する給与
		◎外務公務員法　第12条
	常　勤　職　員　給　与	昭和37年1月19日閣議決定（昭和37年度の定員外職員の定員繰入れに伴う措置について）に基づき常勤職員給与から給与を支弁すべきものとされた職員（職員定数については財務省主計局及び内閣官房内閣人事局と協議）に対する給与（俸給、扶養手当、地域手当、通勤手当、特殊勤務手当、特地勤務手当、期末手当、勤勉手当、寒冷地手当、住居手当、単身赴任手当、広域異動手当及び超過勤務手当）
		◎一般職の職員の給与に関する法律
		○定員外職員の常勤化の防止について（昭和36.2.28　閣議決定）
		○昭和37年度の定員外職員の定員繰入れに伴う措置について．（昭和37.1.19　閣議決定）
	現　地　補　助　員　給　与	在外公館において現地で採用する補助員に対する給与
	政府開発援助現地補助員給与	
	休　職　者　給　与	休職者に対する給与
		◎国家公務員法　第80条第4項・附則第7条
		○一般職の職員の給与に関する法律　第23条
		休職者の給与（人事院規則9−13）
		○国家公務員の寒冷地手当に関する法律　第1・2条
		寒冷地手当支給規則
		◎特別職の職員の給与に関する法律　第10・11条
		○国会職員法　第26条
		国会職員の給与等に関する規程　第14条
		◎裁判所職員臨時措置法　本則第3・4号
		○一般職の職員の給与に関する法律　第23条
		裁判所職員に関する臨時措置規則
		○国家公務員の寒冷地手当に関する法律　第1・2条
		寒冷地手当支給規程
		◎防衛省の職員の給与等に関する法律　第23条
		○防衛省の職員の給与等に関する法律施行令　第17条の10
		○国家公務員の寒冷地手当に関する法律　第5条
		防衛省の職員に対する寒冷地手当支給規則
	国際機関等派遣職員給与	国際協力等の目的で国際機関、外国政府の機関等に派遣される職員及び専ら教授等の業務を行うため、法科大学院に派遣される検察官等に対する給与（俸給、扶養手当、地域手当、広域異動手当、研究員調整手当、住居手当、営外手当及び期末手当）
		◎国際機関等に派遣される一般職の国家公務員の処遇等に関

目 番号	目	説　　　　明
		する法律　第5条 〇職員の国際機関等への派遣（人事院規則18－0） ◎特別職の職員の給与に関する法律　第11条 　〇国会職員法　第43・44条 　　国会職員の国際機関等への派遣に関する件（昭和46年両 　　院議長協議決定） ◎国際機関等に派遣される防衛省の職員の処遇等に関する法 　律　第5条 　〇国際機関等に派遣される防衛省の職員の処遇等に関する 　　法律施行令　第5条 ◎法科大学院への裁判官及び検察官その他の一般職の国家公 　務員の派遣に関する法律　第13条 　〇検察官その他の職員の法科大学院への派遣（人事院規則 　　24－0） ◎福島復興再生特別措置法　第48条の5、第89条の5 　〇職員の公益社団法人福島相双復興推進機構への派遣（人 　　事院規則1－69） 　〇職員の公益財団法人福島イノベーション・コースト構想 　　推進機構への派遣（人事院規則1－74） ◎令和7年に開催される国際博覧会の準備及び運営のために 　必要な特別措置に関する法律　第27条 　〇職員の令和7年国際博覧会特措法第14条第1項の規定に 　　より指定された博覧会協会への派遣（人事院規則1－72）
短時間勤務職員給与 　05－00　定年前再任用短時 　　　　　　間勤務職員給与		年齢60年以上退職者で、定年退職日相当日を経過するまで短時 間勤務の官職に採用される職員に対する給与（俸給、俸給の調 整額、地域手当、俸給の特別調整額、通勤手当、特殊勤務手当、 宿日直手当、期末手当、勤勉手当、単身赴任手当、管理職員特 別勤務手当、広域異動手当、専門スタッフ職調整手当、本府省 業務調整手当、超過勤務手当、休日給及び夜勤手当） ◎国家公務員法　第60条の2 　〇一般職の職員の給与に関する法律　第8・10条・10条の 　　2・10条の3・10条の5・11条の3・11条の8・12条・ 　　12条の2・13・16～18条・19条の2・19条の3・19条の 　　4・19条の7・19条の8 ◎特別職の職員の給与に関する法律　第11条 　〇国会職員法　第4条の2・25条 　　国会職員の給与等に関する規程　第1条・6条の2・6 　　条の4・7条・7条の2・7条の3・7条の4・9条 ◎自衛隊法41条の2 　〇防衛省の職員の給与等に関する法律　第8条・11条の 　　2・11条の3・14条・18条の2・22条の2
	05－01　暫定再任用短時間 　　　　　　勤務職員給与	定年退職者等で、一年を超えない範囲内で任期を定め短時間勤 務の官職に採用される職員に対する給与（俸給、俸給の調整額、

目番号	目	説　明
		地域手当、俸給の特別調整額、通勤手当、特殊勤務手当、宿日直手当、期末手当、勤勉手当、単身赴任手当、管理職員特別勤務手当、広域異動手当、専門スタッフ職調整手当、本府省業務調整手当、超過勤務手当、休日給及び夜勤手当） ◎国家公務員法等の一部を改正する法律（令和３年６月11日法律第61号）　附則第４〜７条 　○一般職の職員の給与に関する法律　第８・10条・10条の２・10条の３・10条の５・11条の３・11条の８・12条・12条の２・13・16〜18条・19条の２・19条の３・19条の４・19条の７・19条の８ ◎特別職の職員の給与に関する法律　第11条 　○国会職員法　第15条の７・25条 　国会職員法及び国家公務員退職手当法の一部を改正する法律（令和３年６月11日法律第62号）　附則第４〜７条 　国会職員の給与等に関する規程　第１条・６条の２・６条の４・７条・７条の２・７条の３・７条の４・９条 ◎国家公務員法等の一部を改正する法律（令和３年６月11日法律第61号）　附則第９〜12条 　○防衛省の職員の給与等に関する法律　第９条・11条の２・11条の３・14条・18条の２・22条の２
05－02	任期付短時間勤務職員給与	育児短時間勤務職員が処理することが困難となる業務と同一の業務を行う官職に採用される職員に対する給与（俸給、俸給の調整額、地域手当、俸給の特別調整額、初任給調整手当、通勤手当、特殊勤務手当、特地勤務手当及び特地勤務手当に準ずる手当、宿日直手当、期末手当、勤勉手当、管理職員特別勤務手当、広域異動手当、専門スタッフ職調整手当、研究員調整手当、本府省業務調整手当、超過勤務手当、休日給及び夜勤手当） ◎国家公務員の育児休業等に関する法律　第23・24・27条 ◎国会職員の育児休業等に関する法律　第19条 　○育児短時間勤務国会職員等についての国会職員の給与等に関する規程等の特例に関する規程　第５条
	旧外地職員給与費	旧外地官署の職員に対する給与 ◎一般職の職員の給与に関する法律　附則第３項
	駐留軍等労働者特別協定給与	駐留軍等労働者に対する特別協定に基づく給与（基本給、地域手当、扶養手当、夏季手当、年末手当、退職手当、通勤手当、住居手当、時間外勤務給等の全部又は一部） ◎日本国とアメリカ合衆国との間の相互協力及び安全保障条約第６条に基づく施設及び区域並びに日本国における合衆国軍隊の地位に関する協定第24条についての新たな特別の措置に関する日本国とアメリカ合衆国との間の協定
	駐留軍等労働者地位協定給与	駐留軍等労働者に対する給与（格差給の廃止等に伴う在職者に対する経過措置等）
	弔　慰　金	国会議員が在職中に死亡した場合、その遺族に支給する弔慰金 ◎国会議員の歳費、旅費及び手当等に関する法律　第12条

目番号	目	説　明
	特　別　弔　慰　金	乗員たる自衛官がジェット機に搭乗し死亡した場合、その遺族に支給する弔慰金 　○特別弔慰金に関する訓令（昭和33年防衛庁訓令第33号）
	公　務　災　害　補　償　費	１．職員の公務上の災害（負傷、疾病、障害又は死亡をいい、「通勤による災害」において同じ。）又は通勤による災害（以下「公務等による災害」という。）に対する補償費（ただし、船員保険法の適用を受ける職員、未帰還者留守家族等援護法に規定する未帰還者である職員を除く。） ２．公務等による災害を受けた職員に対する義肢、義眼等の福祉費 ３．国会議員及び国会議員秘書の公務等による災害に対する補償費 　◎国家公務員法　第93条 　　○国家公務員災害補償法　第10・12条・12条の２・13条・14条の２・15・18条・20条の２・20条の３・22条 　　職員の災害補償（人事院規則16－０） 　　在外公館に勤務する職員、船員である職員等に係る災害補償の特例（人事院規則16－２） 　　災害を受けた職員の福祉事業（人事院規則16－３） 　　補償及び福祉事業の実施（人事院規則16－４） 　　災害補償制度の運用について(職厚905昭和48年人事院事務総長) 　　○労働基準法等の施行に伴う政府職員に係る給与の応急措置に関する法律 　　労働基準法等の施行に伴う政府職員に係る給与の応急措置に関する法律による給与支給準則（昭和22年給発第1327号） 　◎特別職の職員の給与に関する法律　第15条 　　○国家公務員災害補償法 　◎国会職員法　第26条の２ 　　○国会職員の給与等に関する規程　第17条 　　国会職員の公務上の災害及び通勤による災害に対する補償に関する件（昭和29年両院議長協議決定） 　◎裁判官の災害補償に関する法律　本則 　◎裁判所職員臨時措置法　本則第５号 　　○国家公務員災害補償法 　　○裁判所職員に関する臨時措置規則 　◎防衛省の職員の給与等に関する法律　第27条 　　○防衛省職員の災害補償に関する政令 　　防衛省職員の災害補償に関する省令 　　○国家公務員災害補償法 　　防衛省職員療養及び補償実施規則 　◎国会議員の歳費、旅費及び手当等に関する法律　第12条の３

目番号	目	説　明
		○国会議員の公務上の災害に対する補償等に関する規程 　◎国会議員の秘書の給与等に関する法律　第18条 　　○国会議員の秘書の公務上の災害及び通勤による災害に対する補償等に関する規程
06	〔雑給与の類〕 （諸　謝　金） 諸　　謝　　金 ○　○　謝　金	1．国の事務、事業及び試験研究等を委嘱された者又は協力者等に対する報酬及び謝金（調査、講演、執筆、作業、研究、協力等に対する報酬及び謝金） 　◎一般職の職員の給与に関する法律　第1・3条 　　○謝金の取扱について（昭和27年給実甲第57号） 2．弁護人謝金
	（給　　　与） 外国人留学生給与 政府開発援助外国人留学生給与	日本国政府が招致した国費外国人留学生に支給する給与
	（手　　　当） 自衛官候補生手当 学　生　手　当 生　徒　手　当	自衛官候補生、防衛大学校・防衛医科大学校の学生、陸上自衛隊高等工科学校の生徒に対する手当 　◎防衛省の職員の給与等に関する法律　第24条の2・25条・25条の2 　　○防衛省の職員の給与等に関する法律施行令　第17条の10の2・18条・18条の2・19条
	被収容者作業死傷手当	受刑者が作業を行うに際して、死傷した場合に支給する死亡手当及び障害手当 　◎刑事収容施設及び被収容者等の処遇に関する法律　第100条 　　○刑事施設及び被収容者の処遇に関する規則　第61～63条
	矯正教育死傷手当	少年院の被収容者が矯正教育を受けるに際して、死傷した場合に支給する死亡手当及び障害手当 　◎少年院法　第42条 　　○少年院法施行規則　第28条
	就　職　促　進　手　当	1．就職指導を受けている中高年齢等の失業者、駐留軍関係離職者、沖縄における特定の離職者、漁業離職者等に対する手当（雇用保険求職者給付を受けている者を除く。） 2．公共職業安定所長の指示した公共職業訓練施設の行う職業訓練を受講するため待期している中高年齢等の求職者、特定漁業離職者等に対する手当（雇用保険求職者給付を受けている者を除く。） 　◎労働施策の総合的な推進並びに労働者の雇用の安定及び職業生活の充実等に関する法律　第18条 　　○労働施策の総合的な推進並びに労働者の雇用の安定及び職業生活の充実等に関する法律施行規則　第1条の4・附則第2条

目番号	目	説　　　明
	（賞金、報償金）	
	○　○　　賞　　金	1．国内において植物、森林、緑地、造園、自然保護等に係る研究、技術の開発その他の「みどり」に関する学術上の顕著な功績のあった個人に対して授与する賞金 2．日本学士院法第8条に基づき特に優れた論文、著書、その他の研究業績に対して授与する賞金 3．芸術選奨等の受賞者に対して授与する賞金 4．日本芸術院授賞規則第1条に基づき卓越した芸術作品、又は芸術の進歩に貢献する顕著な業績ありと認められた者に対して授与する賞金
	褒　　　賞　　　金 ○　○　褒　賞　金	1．警察官、海上保安官等が職務の執行に当たり、危害を加えられ、そのため死亡し又は著しい身体障害が残ることとなった場合等に、その警察官等に対して授与する褒賞金 2．日本伝統工芸展出品作品中特に優秀と認められた者に対して授与する褒賞金 3．技能者表彰規程に基づき特に優秀と認められた者に対して授与する褒賞金
	＊ 報　　　奨　　　金	労働保険事務組合が納付すべき保険料について、その納付の状況が著しく良好である同事務組合に対して交付する報奨金 　　◎失業保険法及び労働者災害補償保険法の一部を改正する法律及び労働保険の保険料の徴収等に関する法律の施行に伴う関係法律の整備等に関する法律　第23条
	自衛官任用一時金	任期制自衛官に対し支給する一時金 　　◎防衛省の職員の給与等に関する法律　第26条の2 　　　○防衛省の職員の給与等に関する法律施行令　第19条の2
	即応予備自衛官勤続報奨金	即応予備自衛官がその任用期間のうち防衛省令で定める期間以上在職し、かつ、良好な成績で勤務したときに支給する報奨金 　　◎自衛隊法　第75条の7 　　　○自衛隊法施行規則　第86条の2・第86条の3
	（給　付　金） 修　習　給　付　金	司法修習生に対し支給する修習給付金 　　◎裁判所法　第67条の2 　　　○司法修習生の修習給付金の給付に関する規則
	拉致被害者等給付金及滞在援助金	拉致被害者等に対して支給する給付金等 　　◎北朝鮮当局によって拉致された被害者等の支援に関する法律　第5条
	犯罪被害給付金	1．人の生命又は身体を害する犯罪行為により、不慮の死を遂げた者の遺族又は重傷病を負い若しくは障害が残った者に対して支給する給付金 　　◎犯罪被害者等給付金の支給等による犯罪被害者等の支援に関する法律　第3条 　　◎国外犯罪被害弔慰金等の支給に関する法律　第3条 2．オウム真理教によるテロリズム等の犯罪行為により死亡した者の遺族又は障害が残り若しくは傷病を負った者に対して

目番号	目	説明
		支給する給付金 ◎オウム真理教犯罪被害者等を救済するための給付金の支給に関する法律　第3条
	自衛官若年定年退職者給付金	若年定年により退職した防衛省の自衛官に対して支給する給付金 ◎防衛省の職員の給与等に関する法律　第27条の2
	予備自衛官等任用推進給付金	1．自衛隊法に基づく予備自衛官及び即応予備自衛官を雇用する企業等に対し支給する給付金 ◎自衛隊法　第73条の3・75条の8 2．即応予備自衛官を雇用する企業等に対し支給する給付金
	教育訓練履修給付金	防衛大学校、防衛医科大学校等において教育訓練を受ける外国人に対して支給する給付金 ◎自衛隊法　第100条の2
	特　別　給　付　金	駐留軍関係離職者等に対して支給する特別給付金 ◎駐留軍関係離職者等臨時措置法　第2・15〜17条 　○駐留軍関係離職者等臨時措置法施行令　第8〜13条 　　駐留軍関係離職者等臨時措置法に基づく特別給付金の支給に関する省令
	証人等被害給付金	刑事事件の証人等に対する被害給付金 ◎証人等の被害についての給付に関する法律　第3条
	保護観察対象者等職業補導給付金	保護観察所の長から保護観察対象者等の雇用やそれに伴う指導・支援を依頼された協力雇用主に対して支給する給付金
	職業転換等特別給付金	1．中高年齢等の失業者及び広域職業紹介に係る失業者、駐留軍関係離職者、沖縄における特定の離職者、漁業離職者等に対する移転費、求職活動支援費の給付等 2．駐留軍関係離職者、沖縄における特定の離職者、漁業離職者等に対する就業支度金の給付 3．中高年齢等の失業者及び広域職業紹介に係る失業者、駐留軍関係離職者、沖縄における特定の離職者、漁業離職者等で就職が特に困難な者を雇用する事業主に対する特定求職者雇用開発助成金の給付 4．駐留軍関係離職者、沖縄における特定の離職者に対する訓練手当の給付 5．駐留軍関係離職者、沖縄における特定の離職者について職場適応訓練を実施する事業主に対する職場適応訓練費の給付 ◎労働施策の総合的な推進並びに労働者の雇用の安定及び職業生活の充実等に関する法律　第18条 　○労働施策の総合的な推進並びに労働者の雇用の安定及び職業生活の充実等に関する法律施行規則　第2〜6条・6条の2・附則第2条
	新型インフルエンザ予防接種健康被害給付金	新型インフルエンザ予防接種による健康被害者に対して支給する給付金 ◎新型インフルエンザ予防接種による健康被害の救済に関する特別措置法　第3〜5条

目番号	目	説　明
	協力援助者災害給付金	海上保安官に協力援助した者等の災害給付金 　◎海上保安官に協力援助した者等の災害給付に関する法律
	船員離職者職業転換等給付金	１．特定の船員離職者等に対する就職促進手当等 ２．特定の船員離職者等を雇用する事業主に対する雇用奨励金の給付 　◎漁業経営の改善及び再建整備に関する特別措置法　第13条 　◎国際協定の締結等に伴う漁業離職者に関する臨時措置法　第７条 　◎船員の雇用の促進に関する特別措置法　第３条 　◎本州四国連絡橋の建設に伴う一般旅客定期航路事業等に関する特別措置法　第20条
	労災援護給付金	業務災害又は通勤災害を受けた労働者又はその遺族に対する特別支給金の支給等 　◎労働者災害補償保険法　第29条 　　○労働者災害補償保険特別支給金支給規則　第３〜５条・５条の２・７〜11条
	補装具等支給費	業務災害又は通勤災害により四肢喪失又は機能障害等の残った労働者に対する社会復帰促進等事業として義肢等の支給を行うための経費 　◎労働者災害補償保険法　第29条
	雇用安定等給付金	雇用保険法に基づく雇用安定事業として事業主に対して支給する雇用調整助成金等 　◎雇用保険法　第62・63条 　　○雇用保険法施行規則　第102条の２〜５・109・110・110条の３・110条の４・111〜116・118・118条の２・124・125条
	職業訓練受講給付金	認定職業訓練等を受講する特定求職者に対して支給する給付金 　◎職業訓練の実施等による特定求職者の就職の支援に関する法律　第７条 　◎雇用保険法　第64条
	認定職業訓練実施奨励金	認定職業訓練を行う者に対して支給する奨励金 　◎職業訓練の実施等による特定求職者の就職の支援に関する法律　第５条 　　○職業訓練の実施等による特定求職者の就職の支援に関する法律施行規則　第７条 　◎雇用保険法　第64条
	（賞　　与　　金）	
	被収容者作業報奨金	受刑者のうち作業についた者に対して支給する報奨金 　◎刑事収容施設及び被収容者等の処遇に関する法律　第98・99条
	職業能力習得報奨金	少年院の被収容者のうち職業指導についた者に対して支給する報奨金 　◎少年院法　第25条
	（援　　護　　費）	

目番号	目	説　　　　明
	留守家族等援護費	未帰還者の留守家族に対する留守家族手当、葬祭料、遺骨引取経費並びに未帰還者の帰郷旅費、障害一時金及び旧法による未支給給与 　◎未帰還者留守家族等援護法　第5・15～17・26条・附則第20項
	戦傷病者特別援護費	1．戦傷病者に対する療養給付費及び療養手当 2．戦傷病者が死亡した場合その遺族に支給する葬祭費 3．肢体不自由の状態にある戦傷病者の更生医療費及びその者に支給する補装具及び修理費 　◎戦傷病者特別援護法　第9～22条
	[*]労災就学等援護費	1．業務上又は通勤により死亡した労働者等の子弟等で学校教育法第1条に規定する学校及び同法第124条に規定する専修学校に在学する場合並びに職業能力開発促進法に規定する公共職業能力開発施設等に在校する場合において学資の支弁が困難であると認められる者に対して支給する就学援護金 2．業務上又は通勤により死亡した労働者等の子弟等で、当該家族の就労のため幼稚園、保育所等に預ける必要があるものに対して支給する就労保育援護金
	（給　　与　　金） 国宝重要文化財出陳給与金	国の行う公開の用に供するため重要文化財を出品した者に支給する給与金 　◎文化財保護法　第50条第2項
	入 所 者 給 与 金 国立ハンセン病療養所退所者等給与金及特定配偶者等支援金	国立ハンセン病療養所の入所者に対する給与金 1．国立ハンセン病療養所の退所者等に対する給与金 2．特定配偶者等に対する支援金
	食 事 費 給 与 金	更生保護の措置により一時保護を受ける者に対する食事費の給与金 　◎更生保護法　第62・85条 　　○犯罪をした者及び非行のある少年に対する社会内における処遇に関する規則　第65条第2号・第116条第2号 　◎心神喪失等の状態で重大な他害行為を行った者の医療及び観察等に関する法律　第112条
	引 揚 者 給 与 費	1．引揚者に対する自立支度金 2．永住帰国した中国残留邦人等に対する一時金 　◎中国残留邦人等の円滑な帰国の促進並びに永住帰国した中国残留邦人等及び特定配偶者の自立の支援に関する法律　第7・13条 　　○中国残留邦人等の円滑な帰国の促進並びに永住帰国した中国残留邦人等及び特定配偶者の自立の支援に関する法律施行規則 3．引揚者に対する養父母等扶養費支払援助金及び療養費並びに一時帰国経験の引揚者に対する帰郷雑費 4．一時帰国者に対する帰郷雑費及び療養費

目番号	目	説　　明
	未帰還者特別措置費	未帰還者が戦時死亡宣告を受けたとき、その遺族に対して支給する弔慰料 　◎未帰還者に関する特別措置法　第3条
	介護料支給費	炭鉱災害による一酸化炭素中毒症について、労働者災害補償保険法の規定による療養補償給付を受けている被災労働者等で、常時介護を必要とする者に対して支給する介護料 　◎労働者災害補償保険法等の一部を改正する法律（平成7年法律第35号）　附則第8条
07	〔報償費の類〕 報償費 水防功労者等報償費	国が、国の事務又は事業を円滑かつ効果的に遂行するため、当面の任務と状況に応じその都度の判断で最も適当と認められる方法により機動的に使用する経費（例えば国の事務又は事業に関し功労があった者等に対し、特にその労苦に報い更にそのような寄与を奨励することを適当と認める場合において使用する経費又は部外の協力者に対して謝礼的又は代償的な意味において使用する経費）
	褒賞品費 ○○褒賞品費	功労者等被表彰者に対する記念品等の代価
08	〔旅費の類〕 議員旅費	1．国会議員に支給する派遣及び国政調査の旅費 2．衆議院及び参議院の議長視察旅費 3．外国旅行者の死亡手当 　◎国会議員の歳費、旅費及び手当等に関する法律　第8条 　　○国会議員の歳費、旅費及び手当等支給規程
	議員調査研究広報滞在費	国会議員に支給する調査研究広報滞在費 　◎国会法　第38条 　◎国会議員の歳費、旅費及び手当等に関する法律　第9条
	議会雑費	衆議院及び参議院の役員（常任委員長を除く。）に対する議会雑費（国会開会中に限る。） 　◎国会議員の歳費、旅費及び手当等に関する法律　第8条の2 　　○国会議員の歳費、旅費及び手当等支給規程　第10条
	（職員旅費） 職員旅費 ○○職員旅費 ○○調査旅費 検査旅費 ○○検査旅費 監査旅費 監督旅費 ○○監督旅費 ○○研究旅費 不服審査旅費 ○○取締旅費	1．常勤の職員に支給する調査、検査、指導、連絡、監督及び護送等の旅費 2．常勤の職員の研修、講習等のために支給する旅費 3．外国への出張及び留学等の旅費 4．外国旅行者の死亡手当 5．受託業務のために支給する調査、試験及び研究の旅費 　◎国家公務員等の旅費に関する法律

目番号	目	説　　明
	○○測量旅費 活動旅費 ○○活動旅費 ○○業務旅費 ○○管理旅費 ○○旅費 外国留学旅費 執行官旅費 募集等旅費 護送旅費 赴任旅費 赴任帰朝旅費 政府開発援助赴任帰朝旅費 航海日当食卓料 ○○航海日当食卓料 （委員等旅費） 委員（等）旅費 ○○委員等旅費 講師（等）旅費 ○○生旅費 ○○旅費	常勤の職員に支給する赴任旅費及び退職職員又は遺族に支給する帰住旅費 　◎国家公務員等の旅費に関する法律 １．外国への赴任及び帰朝等の旅費 ２．外国旅行者、外国在勤者等の死亡手当 　◎国家公務員等の旅費に関する法律 船舶乗務員に対する航海日当、食卓料 　◎国家公務員等の旅費に関する法律 １．顧問、参与の旅費 ２．各種委員会、審議会、協議会、調査会、評議会等の委員長、委員、幹事、評議員、調査員、書記等の出席、調査等の旅費 ３．日本学術会議、日本芸術院及び日本学士院の会員の出席、調査等の旅費 ４．裁判官訴追委員会の委員及び裁判官弾劾裁判所の裁判員の旅費 ５．検察審査員、補充員及び審査補助員の旅費 ６．司法修習生、司法警察職員修習生、講習生、研究生、学生及び生徒の旅費 ７．国選弁護人等の旅費 ８．外国人招へい等の旅費 等非常勤職員及び部外者に対する旅費 　◎国家公務員等の旅費に関する法律 　◎民事訴訟法　第92条の５第４項・279条第５項 　　○専門委員規則　第７条 　　○司法委員規則　第６・７条 　◎労働組合法　第19条の８・19条の10 　　○労働組合法施行令　第23条・23条の２ 　◎労働関係調整法　第８条の２・14条の２ 　　○労働関係調整法施行令　第１条の５・６条の２ 　◎行政執行法人の労働関係に関する法律　第26・29条 　　○行政執行法人の労働関係に関する法律施行令　第14条 　◎労働審判法　第９条第４項 　　○労働審判員規則　第７条

目番号	目	説　　明
		◎検察審査会法　第29条・39条の4 　○検察審査員等の旅費、日当及び宿泊料を定める政令 ◎裁判官弾劾法　第11条の2・29条の2 ◎人事訴訟法　第9条第5項 ◎家事事件手続法　第40条第7項 　○参与員規則　第5・6条 ◎民事調停法　第10条・23条の5 ◎家事事件手続法　第249条第2項・251条第5項 　○民事調停委員及び家事調停委員規則　第7条 　○民事調停官及び家事調停官規則　第5条 ◎刑事訴訟法　第38条第2項 ◎刑事訴訟費用等に関する法律　第8条 　○刑事の手続における証人等に対する給付に関する規則 　　第5条 ◎少年法　第22条の3第4項・30条の2 　○少年法による調査及び観察のための援助費用に関する規 　　則 ◎人身保護法　第14条第3項 　○人身保護法による国選代理人の旅費等に関する規則 ◎旧罹災都市借地借家臨時処理法　第22条 ◎借地借家法　第47条第3項 　○鑑定委員規則　第6〜8条 ◎心神喪失等の状態で重大な他害行為を行った者の医療及び 　観察等に関する法律　第6条第3項・15条第4項・30条第 　5項・77条第4項 　○心神喪失等の状態で重大な他害行為を行った者の医療及 　　び観察等に関する法律による審判の手続等に関する規則 　　第6・15条 ◎裁判員の参加する刑事裁判に関する法律　第11条・29条第 　2項・97条第5項 　○裁判員の参加する刑事裁判に関する規則　第6〜9条
	（特殊旅費） 証人（等）旅費 参考人（等）旅費 被収容者旅費 帰住旅費 ○○派遣旅費 ○○旅費	1．裁判、検察、警察、刑務所、海上保安関係の被告人、被疑者、受刑者、被収容者等の旅費及び帰住の旅費並びに参考人、証人の出頭旅費 2．委員会等の証人、参考人、公述人、鑑定人等の出頭旅費 3．国立ハンセン病療養所等における入所者の転送等旅費 4．労働者災害補償保険法に基づくアフターケアの通院等に要する旅費 5．自衛隊における退職者、遺族及び不採用者の帰住旅費並びに予備自衛官、即応予備自衛官及び予備自衛官補の招集旅費 6．在外公館に勤務する職員等の出張旅費 7．在外教育施設への派遣教員等に対する赴任、帰国等の旅費 8．外国へ派遣する留学生、文化人等に対する旅費

目番号	目	説　　　明
		等部外者等に対する旅費 ◎国家公務員等の旅費に関する法律 ◎議院に出頭する証人等の旅費及び日当に関する法律 　○議院に出頭する証人等の旅費及び日当支給規程　第2・3条 ◎裁判官弾劾法　第11条第4項・30条 ◎民事訴訟費用等に関する法律　第18・19・21～25条 　○民事訴訟費用等に関する規則　第6～8条 ◎特許法　第105条の2の9 ◎刑事訴訟法　第164・171・178条 ◎刑事訴訟費用等に関する法律　第3～6条 　○刑事の手続における証人等に対する給付に関する規則 　　第2～4条 ◎検察審査会法　第39条 　○検察審査員等の旅費、日当及び宿泊料を定める政令 ◎少年法　第30条 ◎検察官の取り調べた者等に対する旅費、日当、宿泊料等支給法 ◎私的独占の禁止及び公正取引の確保に関する法律　第75条 　○私的独占の禁止及び公正取引の確保に関する法律の調査手続における参考人及び鑑定人の旅費及び手当に関する政令 ◎金融商品取引法　第185条の19・191条 　○金融商品取引法の審判手続等における参考人及び鑑定人の旅費及び手当に関する政令 　○金融商品取引業等に関する内閣府令　第347条 ◎公認会計士法　第33条第2項・34条の64 　○公認会計士法施行令　第3条 　○公認会計士法の審判手続における参考人及び鑑定人の旅費及び手当に関する政令 ◎刑事収容施設及び被収容者等の処遇に関する法律　第175条 ◎少年院法　第143条 ◎少年鑑別所法　第128条 ◎更生保護法　第12・25・62・85条第1項 　○更生保護法施行令　第1～4条 　○犯罪をした者及び非行のある少年に対する社会内における処遇に関する規則　第65条第3号・第116条第3号 ◎労働組合法　第27条の24 　○労働組合法施行令　第32条 ◎海難審判法　第52条 　○海難審判法施行規則　第93～95条 ◎労働保険審査官及び労働保険審査会法　第16・46条 　○労働保険審査官及び労働保険審査会法施行令　第14・33

目番号	目	説　　　明
		条
		◎心神喪失等の状態で重大な他害行為を行った者の医療及び観察等に関する法律　第24条第4項・77条第1～3項・112条
09	〔庁費の類〕	下記の全部又は一部を適用するものである。
	庁　　　　　費	1．備品費
	校　　　　　費	(1) 事務用、事業（試験、研究、検査、検定、実験、実習、調査等）及び医療用の器具機械類その他の設備品及び標本等で、その性質及び形状を変ずることなく比較的長期の使用に耐えるもの並びにこれらの附属品で器具機械として整理するものの代価
	○　○　庁　　費	
	○　○　諸　　費	
	○　○　調　査　費	
	○　○　検　査　費	
	○　○　試　験　費	
	○　○　研　究　費	(2) 図書（図書館等で保存、閲覧用に供するもの以外の新聞、雑誌、パンフレットの類を除く。）の代価
	研　　修　　費	(3) 自動車、船舶用諸品等購入の代価
	○　○　研　修　費	(4) 動物（試験、実験、研究、検定用で消費するものを除く。）の代価
	教　育　訓　練　費	以上備品として台帳に登載するもの
	○　○　作　成　費	2．消耗品費
	○　○　運　航　費	(1) 各種事務用品（コピー用紙、罫紙、封筒、ファイル、筆記用具、文具用品類等）の代価
	○　○　購　入　費	
	科学技術関係資料費	
	議　案　類　印　刷　費	(2) 事業用消耗品及び消耗材料の代価
	特許公報類発行費*	事業用（試験、研究、検査、検定、実験、実習等）、医療用等の消耗器材、薬品類、肥料、種苗、動物、植物、その他消耗品の代価
	○　○　宣　伝　費	
	研　究　用　機　械　器　具　費	
	○　○　整　備　費	新聞、官報、雑誌、パンフレット類の図書（備品費として整理するものを除く。）の代価
	装　　備　　費	
	○　○　装　備　費	その他短時日に消耗しないが、その性質が長期使用に適しないもの及び器具機械として整理し難いものの代価
	○　○　維　持　費	
	運　　搬　　費	(3) 飼育動物の飼料の代価
	船　舶　気　象　通　報　料	3．被服費
	○　○　専　用　料	(1) 国会の衛視長、衛視副長及び衛視に貸与する被服の代価
	○　○　借　　料	(2) 自衛官等に給与又は貸与する被服の代価
	医　薬　品　等　保　管　料	(3) 刑務所等の刑務官等、教官及び警察官（警部以上は初任の際に限る。）に給与又は貸与する被服の代価
	○　○　製　造　費	
	検　定　検　査　材　料　費	(4) 刑務所被収容者等の着用する被服の代価
	試　作　品　費	(5) その他予算に基づいて給与又は貸与する被服の代価
	○　○　管　理　費	① 各省各庁官署の守衛、船員等に対するもの
	○　○　運　営　費	② 税関、検疫所、海上保安庁等の職員に対するもの
	医　　療　　費	③ 病院等の医師、看護師等及び看護師養成所等の生徒に対するもの
	○　○　医　療　費	
	被　　服　　費	④ 病院の患者に対するもの
	○　○　被　服　費	⑤ その他予算に定めるもの
	○　○　買　上　費	
	流　通　業　務　取　扱　費*	◎国家公務員法の規定が適用せられるまでの官吏の任免等に

目番号	目	説　　明
	手　数　料 ○　○　手　数　料 ○　○　料　（費）	関する法律 ◎特別職の職員の給与に関する法律　第11条 　○国会職員法　第25条 　　衛視貸与品規程 　　衆議院事務局職員被服貸与規程 　　参議院及び裁判官弾劾裁判所職員被服貸与規程 ◎防衛省の職員の給与等に関する法律　第21条 　○防衛省の職員の給与等に関する法律施行令　第17条 ◎警察法　第68・69条 　○警察法施行令　第8条 ◎一般職の職員の給与に関する法律　第5条第2項 　○刑務官等の給与品及び貸与品に関する訓令　第2・3条 　○少年院及び少年鑑別所に勤務する職員の服制及び服装に 　　関する規則 　○出入国管理及び難民認定法　第61条の5 ◎刑事収容施設及び被収容者等の処遇に関する法律　第40・ 　42・175・186・245条 ◎少年院法　第60条 ◎少年鑑別所法　第41条 ◎出入国管理及び難民認定法　第61条の7 　○被収容者処遇規則　第23条 ４．印刷製本費 　(1) 図書、文書、議案、図面、罫紙類、諸帳簿、パンフレッ 　　ト等の印刷代（用紙代を含む。） 　(2) 図書、雑誌、書類、伝票、帳簿等の製本代、表装代 ５．通信運搬費 　(1) 郵便料、電話料及びデータ通信料（電信電話架設料、電 　　話加入料等を含む。） 　(2) 事務用、事業用等の諸物品の荷造り費及び運賃 　(3) 近距離の乗船及び乗車の回数券等 　(4) 有料道路の通行料 ６．光熱水料 　　電気料、水道料、ガス料及びその計器使用料 ７．借料及び損料 　　器具機械借料及び損料、会場借料、物品等使用料及び損料、 　車輌等の借上げ、駐車料等 ８．会　議　費 　　会議用及び式日用の茶菓弁当等の代価 ９．賃　　　金 　　事務補助等の単純労務に服する者（施設費関係を除く。） 　に対する賃金 10．保　険　料 　(1) 社会保険料 　　① 健康保険料

目番号	目	説　　　　　明
		②　厚生年金保険料 ③　船員保険料 ④　労働保険料 ⑤　介護保険料 (2)　運送保険料 (3)　火災保険料 (4)　自動車損害賠償責任保険料 11．子ども・子育て拠出金 ◎子ども・子育て支援法 12．自動車交換差金 　　国の所有に属する自動車等の交換に要する差金 ◎国の所有に属する自動車等の交換に関する法律 13．雑 役 務 費 (1)　倉庫料、証券保管料等 (2)　器具機械等の修繕料、各種保守料及びクリーニング料 (3)　事務及び事業上の新聞その他広告料 (4)　速記料、翻訳料及び通訳料 (5)　警備保安業務料、自動車運行管理業務料、電話交換業務料、物品取扱手数料、計器類検定料、鑑定料、設計料、試験料、運用手数料、加工手数料、集荷手数料、国債事務取扱手数料、売捌手数料、送金手数料等 (6)　授業料 (7)　印紙、貨幣等の製造費 (8)　テレビ受信料、清掃料、動物治療費、種付料、樹木手入料、ガラス入替費及びペンキ塗替費 (9)　電気、電話、水道、ガス等の新増設、修繕工事費、配線模様替工事及び引込線工事費 (10)　事務効率化等のためのシステム開発・運用の請負費 (11)　畳、建具その他物品等の製造、加工、試作等の請負費 (12)　建物、工作物の撤去作業及び整地作業の請負費 (13)　式場、会場等仮設の請負費 (14)　農業水利、下水道受益者負担金、その他工事等の負担金 14．自動車維持費 　　自動車用の燃料の代価（各種燃料油等）、自動車修繕料、車検代、その他自動車用の消耗品の代価 15．燃 料 費 　　庁用、事務用（試験、研究、検査、検定、実験、実習等）、医療用、船舶用等の燃料の代価（各種燃料油等） 16．職員厚生経費 　　健康診断、心の健康づくり、表彰、レクリエーション（特殊な勤務環境下にある一部の自衛官に限る。）の各経費等
	船 舶 借 料 航 空 機 借 料 土地（建物）借料	船舶、航空機の借上料 土地、建物の借上料

目番号	目	説　明
	技術研究開発業務土地建物借料	
	在 外 公 館 等 借 料	在外公館、公邸、土地等の借上料
	政府開発援助在外公館等借料	
	○ ○ 借 上 費	
	招へい外国人滞在費	招へい外国人の宿泊費、交通費等
	政府開発援助招へい外国人滞在費	
	○ ○ 招 へ い 費	
	各 所 修 繕	建物、工作物等の修繕費等
	政府開発援助各所修繕	
	○ ○ 修 理 費	
	捜 査 費	警察官、証券取引等監視委員会職員、財務局職員、税関職員、税務職員及び海上保安官の捜査費
	○ ○ 活 動 費	1．衆議院及び参議院の国政調査活動費 2．会計検査院の会計検査活動費 3．拉致問題対策情報収集等活動費、国家安全保障政策活動費及び国際テロ情報収集等活動費 4．公安調査官、麻薬取締官等の調査等活動費 5．防衛省の情報収集等活動費
	○ ○ 食 糧 費	1．身柄拘束者食料 2．刑務所等被収容者等の食料 　◎刑事収容施設及び被収容者等の処遇に関する法律　第40・186・245条 　◎少年院法　第60条 　◎少年鑑別所法　第41条 　◎出入国管理及び難民認定法　第61条の7 3．病院等の患者等の食料 4．国立更生援護機関の入所者等の食料 5．検疫所停留者及び海上災害被救助者等の食料
	糧 食 費	1．防衛省の職員の給与等に関する法律第20条により隊員に対して支給される場合の基本糧食の代価 2．自衛隊法第77条の3第2項、第84条の5第2項、第100条の6第2項、第100条の8第2項、第100条の10第2項、第100条の12第2項、第100条の14第2項、第100条の16第2項、第116条の2及び自衛隊法施行令第126条の6により隊員以外の者に支給される基本糧食の代価 3．非常備蓄用の糧食の代価及び詰合せ食の梱包材料代並びに雑役務費 4．演習、出動、週番勤務、警衛勤務等、航空機夜間整備、航空機搭乗等の場合における加給食の代価 5．自衛隊の病院において、自衛官、自衛官候補生、防衛大学校又は防衛医科大学校の学生、陸上自衛隊高等工科学校の生

目番号	目	説　明
		徒、予備自衛官、即応予備自衛官及び予備自衛官補以外の者に給する患者食の代価
	招　宴　費	皇室の招宴接待費
	特　別　送　達　料	裁判所において郵便法第49条に規定する特別送達に伴う郵便料
	議員特殊乗車券等購入費	国会議員に交付する特殊乗車券等を購入する経費 　　◎国会議員の歳費、旅費及び手当等に関する法律　第10条
	教　科　書　購　入　費	義務教育諸学校の設置者が児童及び生徒にその使用する教科用図書を給与するため、国が設置者に対し給付する等のためこれを購入する代価 　　◎義務教育諸学校の教科用図書の無償措置に関する法律　第3・5条
	外国人留学生教育費	日本国政府が招致した国費外国人留学生に対し、教育に関する役務を提供する公私立大学等への対価
	政府開発援助外国人留学生教育費	
	駐留軍等労働者福利費	駐留軍等労働者に係る社会保険料等
	引　揚　者　援　護　費	1．引揚者に係る輸送費、宿泊料及び食費 2．一時帰国者に係る輸送費及び宿泊料 　　◎中国残留邦人等の円滑な帰国の促進並びに永住帰国した中国残留邦人等及び特定配偶者の自立の支援に関する法律　第6・18条 　　○中国残留邦人等の円滑な帰国の促進並びに永住帰国した中国残留邦人等及び特定配偶者の自立の支援に関する法律施行規則 3．一時帰国者等の肉親捜しに係る調査費等 4．戸籍取得援護費用 5．永住帰国した中国残留邦人等に対する一時金支給事務費等
	民間資金等活用事業調査費	民間資金等の活用による公共施設等の整備等の促進に関する法律に基づく民間資金等を活用した公共施設等の調査の代価
	公共施設等維持管理運営費	民間資金等の活用による公共施設等の整備等の促進に関する法律に基づく民間資金等を活用した公共施設等の維持管理及び運営の代価
	政府開発援助公共施設等維持管理運営費	
	官民区分所有施設維持管理運営費	官民区分所有施設の維持管理運営を行う管理組合への支払いに要する経費
	自　動　車　重　量　税	
	消　　費　　税[*]	消費税及び地方消費税
	食　糧　買　入　費[*]	食料安定供給特別会計において買い入れる米、食糧麦及び輸入飼料の対価
	○　○　事　業　費	1．装備品安定製造等確保事業に必要な経費

目番号	目	説　明
		◎防衛省が調達する装備品等の開発及び生産のための基盤の強化に関する法律　第7条
		2．エネルギー対策特別会計における国家備蓄石油の取得及び譲渡しに必要な経費
		◎石油の備蓄の確保等に関する法律　第3・30・31条
		3．東日本大震災復興特別会計における放射性物質に汚染された災害廃棄物処理の迅速な実施に必要な経費
		◎平成23年3月11日に発生した東北地方太平洋沖地震に伴う原子力発電所の事故により放出された放射性物質による環境の汚染への対処に関する特別措置法　第15・19条
		4．東日本大震災復興特別会計における認定特定復興再生拠点区域及び認定特定帰還居住区域の土壌等の除染等の措置、除去土壌の処理及び廃棄物の処理に必要な経費
		◎福島復興再生特別措置法　第17条の23
10	原　材　料　費	刑務所等の作業において売払製品等を製造するための諸材料の代価
	義肢製作原材料費	国立障害者リハビリテーションセンターにおいて売払製品を製作するための諸材料の代価
11	立　法　事　務　費	衆議院及び参議院における各会派に対して交付する立法事務費 ◎国会における各会派に対する立法事務費の交付に関する法律　第1・3条
14	○　○　委　託　費	国の事務、事業、調査、試験研究等を委託する経費
15	〔施　設　費　の　類〕	
	施　設　整　備　費	1．建物、工作物、船舶、浮さん橋及び航空機並びにこれらの従物の新営、建造、改修等
	○○施設整備費	
	特　定　施　設　整　備　費	2．国が国以外の者から委託を受けて行う工事直接経費
	○　○　施　設　費	3．土地、建物の購入費及びその従物購入費
	道路附属物等復旧費	4．機械、船舶、航空機等の購入費
	合同宿舎施設改修費	5．特定国有財産整備計画の実施により取得すべき庁舎その他の施設の用に供する国有財産の取得に要する経費
	○　　　○　　　費	
	船　舶　建　造　費	
	艦　艇　建　造　費	
	不　動　産　購　入　費	
	○○不動産購入費	
	航　空　機　購　入　費	
	換　地　清　算　金	1．土地区画整理法第110条に基づく清算金
		2．土地改良法第89条の2第10項で準用する同法第54条の3に基づく清算金
16	〔補　助　金　の　類〕	
	○　○　補　助　金	1．国が国以外のものの行う事務又は事業に対し、法令又は予算に基づいて補助金、負担金、交付金等として財政上の援助を与える経費
	○○事業補助率差額	
	○　○　負　担　金	
	○　○　交　付　金	2．法令又は予算に定める利子補給金等
	○　○　補　給　金	

目番号	目	説　　明
	○　○　助　成　金	
	○　○　援　助　費	
	＊○　○　支　出　金	
	＊○　○　譲　与　金	
	○　○　分　担　金	国際条約等に基づく各種の国際分担金
	○　○　拠　出　金	国際連合関係機関及びその他の国際機関等が行う事業に対する拠出金
	通告書送付費支出金	道路交通法に基づく支出金 　◎道路交通法　附則第19条
17	交　　　際　　　費	儀礼的、社交的な意味で部外者に対し支出する一方的、贈与的な性質を有する経費
	○　○　交　際　費	
18	〔賠償償還及び払戻金の類〕	
	賠償償還及払戻金	1．国家賠償法に基づく賠償金
	○　○　弁　償　金	2．政府契約の支払遅延防止等に関する法律に基づく賠償金
	払　　戻　　金	3．国又は国の委任を受けたものの不法行為及び債務不履行その他権利侵害の結果その被害者に対する賠償金（民法　第415・709条）
	旧外地特別会計承継 債務払戻金	
	○　○　見　舞　金	4．行政相談委員、保護司及び人権擁護委員の実費弁償金並びに都道府県警察留置人に対する経費の立替金等の弁償金
		5．損害賠償の性質を有する見舞金
		6．小切手支払未済金（予算決算及び会計令　第63条）、特殊債務等の償還金（費）
		7．亡失金、事故欠損金等の補填金
		8．その他過誤納等諸払戻金
	貨幣交換差減補填金	外貨の売却及び外貨送金取組みによって生じた差減に対する補填金
	＊売却及償還差額補填金	公債等の売却及び償還によって生じた差減に対する補填金
	＊償還差額補填金	外債の償還によって生じた差減に対する補填金
	＊支　払　利　子	一時的に借り入れた外貨に対する利子の支払 スワップ取引に係る利子の支払
	＊預　託　金　利　子	
	＊債　務　償　還　費	
	利　子　及　割　引　料	
	精　算　還　付　金	
	＊保　険　料　返　還　金	
19	〔保　証　金　の　類〕	
	保　　証　　金	民事訴訟に伴うもの
	予　　納　　金	◎民事訴訟法　第259・403条
		◎民事保全法　第14条
		◎民事執行法　第14条
		◎民事訴訟費用等に関する法律　第12条
		◎執行官法　第15条
		◎破産法　第23条

目番号	目	説　明
20	〔補償金の類〕 ○○補償金（費）	1．国又は国の委任を受けたものの適正な権限行使の結果、国以外のものに損害を与えた場合に、その被害者に対して行う金銭上の給付 2．国以外の者が国の命令に基づく行為によって損失を蒙った際、国とその者との契約によって、国の行う損失補填 （例）刑事補償金、移転等補償金、離作等補償金、文化財保護補償金、保安林及保安施設地区補償金、支障物件補償金等
	納入出版物代償金	国立国会図書館に出版物を納入した国、地方公共団体及び独立行政法人等以外の発行者に対して、当該出版物の出版及び納入に通常要すべき費用に相当する金額を代償金として交付するための経費 ◎国立国会図書館法　第25条第3項
	国有特許発明補償費	公務員がその業務範囲内において発明し国がその権利を承継した場合その発明に対する金銭上の給付 ◎特許法　第35条
21	〔年金、恩給、保険金の類〕 国会議員互助年金	国会議員の退職により支給する互助年金（普通退職年金、公務傷病年金、遺族扶助年金）及び互助一時金（退職一時金、遺族一時金） ◎旧国会議員互助年金法 ◎国会議員互助年金法を廃止する法律
	文官等恩給費 旧軍人遺族等恩給費	1．文官等に支給される普通恩給、増加恩給、傷病年金、一時恩給等及び遺族に支給する扶助料、傷病者遺族特別年金、一時扶助料 2．執行官法により執行官に支給する恩給 3．元南西諸島官公署職員等の身分、恩給等の特別措置に関する法律により元南西諸島官公署職員等に支給する恩給 4．国が私法上の契約により外国人に支給する恩給 5．旧軍人等に支給される普通恩給、増加恩給、傷病年金、特例傷病恩給、一時恩給等及び遺族に支給する扶助料、傷病者遺族特別年金、一時扶助料 ◎恩給法 ◎執行官法（平成19年改正前）　附則第13条 ◎執行官法の一部を改正する法律（平成19年法律第18号）　附則第3条 ◎旧軍人等の遺族に対する恩給等の特例に関する法律　第3条
	文化功労者年金	文化功労者に支給する年金 ◎文化功労者年金法　第3条 ○文化功労者年金法施行令 ○文化功労者年金法施行規則
	児童扶養手当給付費	生別母子世帯等の児童を監護又は養育する者に対して支給する児童扶養手当

目番号	目	説　明
	特別児童扶養手当給付費	◎児童扶養手当法 精神又は身体に重度の障害を有する児童等を監護又は養育する者に対して支給する特別児童扶養手当 　◎特別児童扶養手当等の支給に関する法律
	年金生活者支援給付金給付費	年金生活者支援給付金の支給に関する法律に基づく年金生活者支援給付金 　◎年金生活者支援給付金の支給に関する法律　第2・10・15・20・26条
	遺　族　等　年　金	戦傷病者戦没者遺族等援護法に基づく障害年金、遺族年金及び遺族給与金並びに遺族一時金及び障害一時金 　(1) 軍人、軍属及び準軍属であった者で在職期間内に公務上負傷し、又は疾病にかかった者に対して、その障害の程度に応じて支給する障害年金及び障害一時金 　(2) 公務上負傷し、又は疾病にかかり、これにより死亡した軍人、軍属及び準軍属の遺族に支給する遺族年金、遺族給与金及び遺族一時金 　◎戦傷病者戦没者遺族等援護法　第7・23条 　◎戦傷病者戦没者遺族等援護法等の一部を改正する法律（昭和52年法律第45号）　附則第4条 　◎旧軍人等の遺族に対する恩給等の特例に関する法律　第2条
	*保　　険　　金	
	*再　保　険　金	
	再保険金及保険金	
	*失　業　等　給　付　金	雇用保険法に基づく失業等給付 　◎雇用保険法　第10条
	育　児　休　業　給　付　金	雇用保険法に基づく育児休業給付 　◎雇用保険法　第61条の6第1項
	*保　険　給　付　費	
	*〇〇年　金　給　付　費	
	*福　祉　年　金　給　付　費	国民年金法に基づいて支給される老齢福祉年金 　◎国民年金法等の一部を改正する法律（昭和60年法律第34号）　附則第32条 　◎国民年金法（昭和60年改正前）　第79条の2・80条
	特別障害給付金給付費	障害基礎年金等の受給権を有していない障害者に対し支給する特別障害給付金 　◎特定障害者に対する特別障害給付金の支給に関する法律　第3条
	自動車損害賠償保障金	自動車のひき逃げ事故等による被害者に支払う自動車損害賠償保障金 　◎自動車損害賠償保障法第72条第1項
22	〔他会計への繰入〕 　〇〇会計へ繰入 　*〇〇資金へ繰入	

目番号	目	説　　明
	＊ ○ ○ 勘 定 へ 繰 入 ＊ 土地改良事業費負担 金収入繰入 ＊ 支 払 調 整 金 繰 入	年金特別会計において、勘定間の年金の支払調整のための繰入れ
23	〔貸　付　金〕 ○ ○ 貸 付 金 海外邦人帰国費等貸出金	生活困窮者等で自己の負担において帰国することができない者に対する帰国の旅費等に貸付 　◎国の援助等を必要とする帰国者に関する領事官の職務等に関する法律　第2・3・6条
	海外邦人援護短期貸出金 貸 費 生 貸 与 金	海外において邦人が盗難等により、所持金を失い、金銭の調達が不可能となった者に対して短期的に援護するための貸出金 学校教育法に規定する大学の医学部、歯学部、工学部等において医学、歯学、工学等を専攻する学生で将来自衛隊、矯正施設に勤務しようとする者に対し貸与する修学資金
	修 習 資 金 貸 与 金	司法修習生に対し貸与する修習資金 　◎裁判所法　第67条の3 　　○司法修習生の修習専念資金の貸与等に関する規則
24	＊ 出　　資　　金 ○ ○ 出 資 金	
25	供 託 金 利 子	供託法第3条による供託金の利息 　◎供託法　第3条 　　○供託規則　第33条

(2) 令和6年度公共事業関係費予算の目及び目の細分表

1 この表でいう公共事業関係費の予算の目とは、目番号00の目である。
2 説明については、特別なもの以外は一般の科目説明参照のこと。
3 説明欄に記載している法律名、条項等については、改正等により異同を
生ずる場合がある。

目番号	目	説　　明
	○ ○ 事 業 費 ○ ○ 改 修 費 ○ ○ 整 備 費 ○ ○ 建 設 費 ○ ○ 復 旧 費 ○ 　 ○ 費 （例）河 川 改 修 費 　　　治 山 事 業 費 　　　海岸保全施設整備 　　　事業費 　　　道路交通円滑化事 　　　業費 　　　港 湾 改 修 費 　　　特定漁港漁場整備 　　　費 　　　空 港 整 備 事 業 費 　　　かんがい排水事業 　　　費 　　　港湾作業船整備費 　　　水産基盤整備作業 　　　船整備費 　　　河川等災害復旧費 　　　河川維持修繕費 （目の細分）工　　事　　費	諸 資 材 費 　工事用の鋼材、セメント、木材等の資材費並びに工事に直接 必要な燃料の代価、光熱及び水料、消耗品及び消耗器材費。例 えば石炭、燃料油及びアルコール類、動力費、電気料、水道料、 ガス料及びその計器使用料（現場事務所等において事務用に供 する消耗器材費等を除く。） 請 負 費 　工事請負費（測量設計費で支弁すべき請負費を除く。） ○○工事費負担金 　工事に直接必要な電気、電話、水道、排水等の新設、増設、 配線模様替工事費、引込線工事費及び電話架設費の負担金（営 繕費及び宿舎費で支弁すべき上記工事費負担金を除く。） 運 搬 費 　工事用諸資材の荷造費、運賃、運搬費並びに工事に直接必要 な稼動中の機械等の小修理及び工事現場間の移動のための運搬

目番号	目	説　　　明
		費（船舶又は機械器具費で支弁すべき運搬費を除く。） 借料及保管料 　工事用の諸資材料置場等の借料及諸資材料の保管料 ○○委託費 　国が直轄して施行する工事で工事の一部等を委託する経費 （測量設計費で支弁すべき委託費を除く。） 　　（注）　1．堰堤維持費、河川維持修繕費及び道路維持管理費 　　　　　　　　の（目）で支弁される経費のうち、ダム管理事務所 　　　　　　　　等の整地又は施設の改良等については、工事費の 　　　　　　　　「目の細分」で整理することができる。 　　　　　　2．（項）エネルギー・鉄鋼港湾施設工事費について 　　　　　　　　は、「目の細分」測量設計費、船舶及機械器具費で 　　　　　　　　細分される経費は、工事費の「目の細分」で整理す 　　　　　　　　ることができる。
	（目の細分）　測量設計費	○○請負費 　個別事業（事業採択前を含む。）実施にかかわる測量、試験、 観測、設計、点検、調査を請負に付するための経費 ○○委託費 　個別事業（事業採択前を含む。）実施にかかわる測量、試験、 観測、設計、点検、調査を委託する経費
	（目の細分）　用地費及補償費	用　地　費 　国が直轄施行する工事の用に供するため取得する土地の購入 費（現場事務所、宿舎等の敷地購入を除く。） 無体財産権購入費 補　償　金 補償工事費 1．国が補償金に代えて直接施行する補償のための工事費（例 　えば直轄で移転を施行する場合等）。費目の整理区分は「目 　の細分」工事費の説明を準用 2．国の用地費又は補償金に代えて提供する替地の購入費 3．仮住居等の取得のための経費 　◎公共用地の取得に関する特別措置法　第23・29条 土地区画整理事業等負担金 　直轄公共事業に必要な用地を土地区画整理事業等の施行によ り造成せしめる場合に当該土地区画整理事業等の施行者に対す るその事業費の負担金 換地清算金 　土地改良法に基づいて行う換地処分を伴う国の直轄事業にお いて、新規土地改良施設の用地を換地処分によって取得するた めに支払う清算金 　◎土地改良法　第53の3・54の3・89条の2第3・10項 補償工事の代替措置に係る費用の負担 　国が直轄施行するダム建設工事に伴う道路の付替工事に代え て、その費用の範囲内で地方公共団体等がダム周辺の山林保全 を行うための当該山林の取得及び管理に係る費用を国が負担す

目番号	目	説　　明
	（目の細分）　船舶及機械器具費	る経費 沖縄未買収道路用地に係る購入費等 船舶機械器具費 　　工事、測量設計に直接必要な船舶、機械、器具の購入費（備付費を含む。）及び建造、補修費（請負を含む。）、借料、損料、保守点検費（現場事務所等において事務用に供する機械器具等を除く。）保管料 運　搬　費 　　機械等の輸送に直接必要な運搬費 １．購入機械等、製造機械等を現場事務所等へ輸送する運搬費 ２．機械等を修理又は改造のため現場事務所等と工作工場又は民間工場間を輸送する運搬費 ３．機械等を異なる現場事務所等又は地方整備局等ブロック官庁間を輸送する運搬費
	（目の細分）　附　帯　工　事　費	附帯工事費 　　国が直轄で施行する工事により必要を生じた他の工事を国が直接施行する工事費（例えば河川法第19条、道路法第23条、海岸法第17条）。費目の整理区分は「目の細分」工事費の説明を準用 附帯工事費負担金 　　河川工事等に伴い必要が生じた水門工事等の工事費負担金
	（目の細分）　〇〇事業委託費	河川環境管理事業等を委託する経費
	（目の細分）　換地計画委託費	換地計画の作成を委託する経費
	（目の細分）　事　業　車　両　費	車両の購入費、補修費、自動車交換差金等（公用車（運転手付きで専ら人の移動用の庁用乗用自動車）及び業務用車（公用車以外の車両のうち３，５，７ナンバーの車両）を除く。） 　　備　品　費 　　借料及び損料 　　保　険　料 　　自動車交換差金 　　雑　役　務　費 　　自動車維持費
	（目の細分）　航　空　機　費	公共施設等の維持管理に直接必要な航空機の購入費（備付費を含む。）、補修費、保守点検費、保管料、保険料、駐機場での待機費（操縦士、整備士）
	営　繕　宿　舎　費 〇　〇　営　繕　宿　舎　費 　（例）　治水営繕宿舎費 （目の細分）　営　　繕　　費	営　繕　費 　　工事実施のため直接必要な現場事務所等（ダム管理事務所等を含む。）の新営費、補修費、購入費、補償金、借上料、敷地購入費、換地清算金及び敷地借上料（宿舎等の新営費等を除く。） 　　〔各所修繕費（例えば現場事務所等の羽目板、床板、窓枠の補修、ガラス入替え及び模様替等）を除く。〕 　　（注）国が直轄して施行する工事で、維持管理上必要な施設

目番号	目	説　　明
		であり設計書上本体工事の一部分を形成しているものの新営費については「目の細分」工事費で整理すること。
		○○工事費負担金
		工事実施のため直接必要な現場事務所等の新営、補修等に附帯する電気、電話、水道、ガス、排水の新設、増設等の工事費負担金
	（目の細分）　宿　　舎　　費	宿　舎　費
		工事関係職員等の宿舎等の新営費、補修費、購入費、補償金、借上料、敷地購入費、換地清算金及び敷地借上料（各所修繕費を除く。）
		○○工事費負担金
		宿舎等の新営、補修等に附帯する電気、電話、水道、ガス、排水の新設、増設等の工事費負担金
	○　○　調　査　費	
	（例）　河 川 事 業 調 査 費	
	道　路　調　査　費	
	港 湾 事 業 調 査 費	
	（目の細分）　○　○　委　託　費	政策の企画立案に活用することを目的とした調査研究及び調査研究に必要な試験研究施設改修等を委託する経費
	（目の細分）　○　　○　　費	工事実施のために直接必要な施行技術の確立等のための調査を請負に付するための経費
	○　○　事　業　費　補　助	
	○　○　改　修　費　補　助	
	○　○　整　備　費　補　助	
	公 営 住 宅 整 備 費 等 補助	
	○　○　費　補　助	
	○　　○　　補　　助	
	（例）　治 山 事 業 費 補 助	
	地 域 連 携 道 路 事 業費補助	
	港 湾 改 修 費 補 助	
	（目の細分）　○○事業費補助	
	（目の細分）　○○事業費一括補助	
	（目の細分）　○○改修費補助	
	（目の細分）　○○整備費補助	
	（目の細分）　○○整備費等補助	
	（目の細分）　○　○　費　補　助	
	（目の細分）　○○費統合補助	
	（目の細分）　○○費等統合補助	
	（目の細分）　○○費負担金	

目番号	目	説明
	（例）　高潮対策費補助	海岸法第27条に基づき海岸管理者の施行する海岸保全施設の新設及び改良に対して補助する経費
	一般国道事業費補助	道路法第50条に基づき都道府県の施行する新設又は改築事業に対して補助する経費
	地方港湾改修費補助	港湾法第43条に基づき港湾管理者の施行する港湾施設整備に対して補助する経費
	指導監督事務費補助	補助金等に係る予算の執行の適正化に関する法律第26条及び同法施行令第17条第１項に基づき補助金等の交付に関する事務の一部を都道府県に委任する事務費補助
	○○調査費補助	
	（例）　道路調査費補助	
	（目の細分）　○○調査費補助	
	○○補助率差額	
	（例）　後進地域特例法適用団体等補助率差額	
	○　○　交　付　金	
	（例）　地方創生整備推進交付金	
	（目の細分）　○○交付金	
	（例）　地方創生道整備推進交付金	地域再生法第13条第１項に基づき地方公共団体が施行する地域再生計画に基づく施設（同法第５条第４項第１号ロ(1)に定める施設に限る。）の道整備に対する経費
	地方創生汚水処理施設整備推進交付金	地域再生法第13条第１項に基づき地方公共団体が施行する地域再生計画に基づく施設（同法第５条第４項第１号ロ(2)に定める施設に限る。）の汚水処理施設整備に対する経費
	地方創生港整備推進交付金	地域再生法第13条第１項に基づき地方公共団体が施行する地域再生計画に基づく施設（同法第５条第４項第１号ロ(3)に定める施設に限る。）の港整備に対する経費
	指導監督交付金	補助金等に係る予算の執行の適正化に関する法律第26条及び同法施行令第17条第１項に基づき交付金の交付に関する事務の一部を都道府県に委任する指導監督交付金
	（目の細分）　後進地域特例法適用団体等国費率差額	
	民間都市開発推進機構補給金	
	○○会計へ繰入	
	○　○　貸　付　金	
	○　○　出　資　金	

(3) 主な改正

(1) 目の区分表

目番号	目	説　明
03	職　員　諸　手　当 政府開発援助職員諸 手当 　　03－20　在宅勤務等手当	（目の細分の新設） 一般職及び特別職の定員職員に対する在宅勤務等手当
	特定任期付職員業績 手当	（目の新設） 一般職の定員職員に対する特定任期付職員業績手当
06	職業補導死傷手当	（目の廃止）
08	職　務　雑　費	（目の廃止）
16	○○事業補助率差額	（目の新設）

V　コード番号について

（1）　令和6年度予算書に付したコード番号について

【一　般　会　計】

コード番号について

1　コード番号設定の目的

コード番号設定の目的は、予算の内容について、その分析を多角的に行うため、経費の性質、分類等を明らかにすることにある。

2　コード番号の読み方

[歳入]

（1）歳入予算明細書の部款項目別表に付した6桁の数字は、左から部（1桁）、款（1桁）、項（2桁）、目（2桁）の各分類をあらわすコード番号である。

（2）主管別明細書の各主管に付した2桁の数字は、歳出の所管と同一のコード番号、部款項目別区分に付した数字は、歳入予算明細書と同一のコード番号である。

[歳出]

（1）予定経費要求書の冒頭に掲げた主要経費別表の各事項に付した2桁の数字は、主要経費別分類のコード番号である。

（2）各所管に付した2桁の数字は、所管のコード番号である。

（3）組織別事項別内訳の表及び科目別内訳の表の各項に付した3桁の数字は、所管ごとにに付した項のコード番号である。

（4）組織別事項別内訳の表の各事項に付した2桁の数字は、主要経費別分類をあらわすコード番号である。

（5）科目別内訳の表の各目に付した11桁の数字は、左から主要経費別（2桁）、目的別（3桁）、財政法公債金対象非対象別（1桁）、経済性質別（2桁）、使途別（1桁）、目別（2桁）の各分類をあらわすコード番号である。

なお、目に区分し難い項については、項の名称の下の（　）内に、目別分類を除く各種分類のコード番号を付してある。

（6）各種分類のコード番号は次のとおりである。

（イ）所管

01	皇室費	06	内閣府	11	財務省	16	国土交通省
02	国会	07	デジタル庁	12	文部科学省	17	環境省
03	裁判所	08	総務省	13	厚生労働省	18	防衛省
04	会計検査院	09	法務省	14	農林水産省		
05	内閣	10	外務省	15	経済産業省		

（ロ）項ー所管別に001から始まるコード番号。

（ハ）主要経費別分類

01	社会保障関係費	10	文教及び科学振興費
02	年金給付費	11	義務教育費国庫負担金
03	医療給付費	13	科学技術振興費
04	介護給付費	14	文教施設費
05	少子化対策費	15	教育振興助成費
06	生活扶助等社会福祉費	16	育英事業費
07	保健衛生対策費	20	国債費
08	雇用労災対策費	25	恩給関係費

コード	項目	コード	項目
070	教育文化費	089	その他
071	学校教育費	090	恩給費
072	社会教育及び文化費	091	文官恩給費
073	科学振興費	092	旧軍人遺族等恩給費
074	災害対策費	099	その他
080	社会保障関係費	100	国債費
081	社会保険費	107	原油価格・物価高騰対策及び賃上げ促進環境整備対応予備費
082	生活保護費	106	ウクライナ情勢経済緊急対応予備費
083	社会福祉費	109	復興加速化・福島再生予備費
084	住宅対策費	110	予備費
085	失業対策費	190	その他
086	保健衛生対策費	191	その他行政費
087	試験研究費	199	その他
088	災害対策費		

（ホ）財政法公債金対象非対象別分類

コード	項目
1	財政法公債金対象経費
2	上記以外のもの

（ヘ）経済性質別分類

コード	項目	コード	項目
10	経常支出	30	会計
11	雇用者報酬	40	経常補助金
12	中間投入	50	現金による社会保障給付
13	生産・輸入品に課される税	60	社会扶助給付
14	現物社会移転（市場産出の購入）	70	その他の経常移転
15	その他の社会保険非年金給付	71	他に分類されない国内経常移転
20	資本形成	72	経常国際協力

コード	項目
31	地方交付税交付金
32	地方特例交付金
33	地方譲与税譲与金
35	防衛関係費
40	公共事業関係費
41	治山治水対策事業費
42	道路整備事業費
43	港湾空港鉄道等整備事業費
44	住宅都市環境整備事業費
45	公園水道廃棄物処理等施設整備費
46	農林水産基盤整備事業費
47	社会資本総合整備事業費
48	推進費等
49	災害復旧等事業費
50	経済協力費
60	中小企業対策費
63	エネルギー対策費
65	食料安定供給関係費
95	その他の事項経費
94	原油価格・物価高騰対策及び賃上げ促進環境整備対応予備費
93	ウクライナ情勢経済緊急対応予備費
97	復興加速化・福島再生予備費
98	予備費

（ニ）目的別分類

コード	項目
010	国家機関費
011	皇室費
012	国会費
013	選挙費
014	司法、警察及び消防費
015	外交費
016	一般行政費
017	徴税費
018	貨幣製造費
020	地方財政費
021	地方財政調整費
029	その他
030	防衛関係費
050	国土保全及び開発費
051	国土保全費
052	国土開発費
053	災害対策費
054	試験研究費
059	その他
060	産業経済費
061	農林水産業費
062	商工鉱業費
063	運輸通信費
065	物資及び物価調整費
029	その他

	19	保証金の類
	20	補償金の類
	21	年金、恩給、保険金の類
	22	他会計への繰入
	23	貸付金
	24	供出金
	25	保険金利子
	00	公共事業関係費等

（参考）予定経費要求書の科目別内訳の各目に付したコード番号の読み方の例

[設例1]

項	目	令和6年度要求額（千円）	前年度予算額（千円）	比較増△減額（千円）
001 財務本省共通費		225,239,189	254,797,224	△ 29,558,035
95016-2111-02 職員基本給		9,387,239	9,275,187	112,052

95　016　−2　11　1　−02
(1)　(2)　(3)　(4)(5)　(6)

(1) 主要経費別 → その他の事項経費
(2) 目的別 → 一般行政経費
(3) 財政法公債金対象非対象別 → 非対象経費
(4) 経済性質別 → 雇用者報酬
(5) 使途別 → 人件費
(6) 目別 → 職員基本給

[設例2] 目に区分し難い項

項	目	令和6年度要求額（千円）	前年度予算額（千円）	比較増△減額（千円）
292 科学技術イノベーション創造推進費（13073-2129-‥）		55,500,000	91,781,294	△ 36,281,294

73	経常国際協力以外の海外移転	
80	対地方政府移転	
81	経常移転支出	
82	資本形成	
83	現金による社会保障給付	
84	社会扶助給付	
85	経常補助金	
86	その他	
90	その他	
91	財産所得支払	
92	資本移転	
93	公務員宿舎施設費	
94	土地無形資産購入	
95	その他	

（備考）
この分類は、国民経済計算上の政府支出を算出する場合の便宜に供するためのものである。

（ト）使途別分類

1	人件費
2	旅費
3	物件費
4	施設費
5	補助費・委託費
6	他会計への繰入
9	その他

（チ）目別分類

01	議員歳費
02	職員基本給
03	職員諸手当
04	超過勤務手当
05	諸手当の類
06	雑給与の類
07	報償費の類
08	旅費の類
09	庁費
10	原材料費
11	立法事務費
14	委託費
15	施設費
16	補助費の類
17	交際費
18	賠償償還及び払戻金の類

【特別会計】

コード番号について

1 コード番号設定の目的

コード番号設定の目的は、予算の内容について、その分析を多角的に行うため、経費の性質、分類等を明らかにすることにある。

2 コード番号の読み方

（1）各特別会計に付した5桁の数字は、特別会計のコード番号である。

（2）各特別会計（勘定区分のあるものは勘定。）の歳出の主要経費別内訳の各事項に付した2桁の数字は、主要経費別分類のコード番号である。

（3）歳入の款項目別区分の表及び歳入予定額科目別表の歳入に付した6桁の数字は、左から款（2桁）、項（2桁）、目（2桁）をあらわすコード番号である。

（4）歳出の事項別内訳の表及び歳入歳出予定額科目別表の歳出の各項に付した2桁の数字、特別会計（勘定区分のあるものは勘定。）ごとに付した項のコード番号である。

（5）歳出の事項別内訳の表の各事項に付した2桁の数字は、主要経費別分類をあらわすコード番号である。

（6）歳入歳出予定額科目別表の歳出の各目に付した10桁の数字は、左から主要経費別（2桁）、目的別（3桁）、経済性質別（2桁）、国民経済計算上「公的企業」に分類される特別会計（勘定）は、00 とする。）、使途別（1桁）、目別（2桁）の各分類をあらわすコード番号である。

（7）各種分類のコード番号は次のとおりである。

（イ）所管

11	財　務　省	14	農　林　水　産　省	16	国　土　交　通　省
13	厚　生　労　働　省	15	経　済　産　業　省	90	共　　　　管

（ロ）特別会計

コード	会計名
90010	交付税及び譲与税配付金
11010	地　震　再　保　険
11020	国　債　整　理　基　金
11040	外　国　為　替　資　金
90030	財　政　投　融　資
90031	財政投融資資金勘定
90032	投　資　勘　定
90033	特定国有財産整備勘定
90020	エ　ネ　ル　ギ　ー　対　策
90021	エネルギー需給勘定
90022	電　源　開　発　促　進　勘　定
90023	原子力損害賠償支援勘定
13010	労　　　働
13011	労　災　保　険
13012	雇　用　勘　定
13013	徴　収　勘　定
90050	年　　　金
90051	基　礎　年　金　勘　定
90052	国　民　年　金　勘　定
90053	厚　生　年　金　勘　定
90054	健　康　勘　定
90055	子ども・子育て支援勘定
90056	業　務　勘　定
14010	食　料　安　定　供　給
14011	農業経営安定勘定
14012	食　糧　管　理　勘　定
14013	農　業　再　保　険　勘　定
14014	漁　船　再　保　険　勘　定
14015	漁業共済保険勘定
14016	業　務　勘　定
14017	国営土地改良事業勘定
14110	国有林野事業債務管理

コード	区分
94	原油価格・物価高騰対策及び賃上げ促進環境整備対応予備費
93	ウクライナ情勢経済緊急対応予備費
97	復興加速化・福島再生予備費
98	予備費

コード	区分
50	経済協力費
60	中小企業対策費
63	エネルギー対策費
65	食料安定供給関係費
95	その他の事項経費

（三）目的別分類

コード	区分	コード	区分
010	国家機関費	060	産業経済費
011	皇室費	061	農林水産業費
012	国会費	062	商工鉱業費
013	選挙費	063	運輸通信費
014	司法、警察及び消防費	065	物資及び物価調整費
015	外交費	070	教育文化費
016	一般行政費	071	学校教育費
017	徴税費	072	社会教育及び文化費
018	貨幣製造費	073	科学振興費
020	地方財政費	074	災害対策費
021	地方財政調整費	080	社会保障関係費
029	その他	081	社会保険費
030	防衛関係費	082	生活保護費
050	国土保全及び開発費	083	社会福祉費
051	国土保全費	084	住宅対策費
052	国土開発費	085	失業対策費
053	災害対策費	086	保健衛生対策費
054	試験研究費	087	試験研究費
059	その他	088	その他

コード	区分
15020	特
16020	自動車安全　計
16021	自動車事故対策勘定
16022	自動車検査登録勘定
16023	空港整備勘定
90040	東日本大震災復興

（備考）

5桁の数字の左から2桁は特別会計の所管のコード番号であり、次の

3桁は同一所管内における特別会計のコード番号である。なお、この

3桁のうち、末尾の1桁の1から始まる数字は特別会計ごとに付した

勘定のコード番号である。

（ハ）主要経費別分類

コード	区分	コード	区分
01	社会保障関係費	25	恩給関係費
02	年金給付費	31	地方交付税交付金
03	医療給付費	32	地方特例交付金
04	介護給付費	33	地方譲与税譲与金
05	少子化対策費	35	防衛関係費
06	生活扶助等社会福祉費	40	公共事業関係費
07	保健衛生対策費	41	治山治水対策事業費
08	雇用労災対策費	42	道路整備事業費
10	文教及び科学振興費	43	港湾空港鉄道等整備事業費
11	義務教育費国庫負担金	44	住宅都市環境整備事業費
13	科学技術振興費	45	公園水道廃棄物処理等施設整備費
14	文教施設費	46	農林水産基盤整備事業費
15	教育振興助成費	47	社会資本総合整備事業費
16	育英事業費	48	推進費等
20	国債費	49	災害復旧等事業費

（備考）

1. この分類は、国民経済計算上の政府支出を算出する場合の便宜に供するためのものである。

2. 国民経済計算上「公的企業」に分類される特別会計（勘定）について、損益計算書に固定資産の減価償却費がある場合は、資本形成をあらわすコード番号 **20** を付し、貸借対照表に資本形成に該当する項目があり資本形成に対する増（減）額が資本形成をあらわすので、これをあらわすためのコード番号 **20** と表示する。

（ヘ） 使途別分類

1	人件費
2	旅費
3	物件費
4	施設費
5	補助費・委託費
6	他会計へ繰入
9	その他

（ト） 目別分類

01	議員歳費
02	職員基本給
03	職員諸手当
04	超過勤務手当
05	諸手当
06	雑給
07	報償費
08	旅費
09	庁費
10	原材料費
11	立法事務費
14	委託費
15	施設設備費
16	補助金の類
17	交際費
18	賠償償還及び払戻金の類
19	保証金の類
20	補償金の類
21	年金、恩給、保険金の類
22	他会計への繰入

089	その他
090	恩給給与
091	文官恩給
092	旧軍人遺族等恩給費
099	その他
100	国債費
107	原油価格・物価高騰対策及び賃上げ促進環境整備対応予備費
106	ウクライナ情勢経済緊急対応予備費
109	復興加速化・福島再生予備費
110	予備費
190	その他
191	その他行政費
199	その他

（ホ） 経済性質別分類

10	経常支出
11	雇用者報酬
12	中間投入
13	生産・輸入品に課される税
14	現物社会移転（市場産出の購入）
15	その他の社会保険非年金給付
20	資本形成
30	会計間重複
40	経常補助金
50	現金による社会保険給付
60	社会扶助給付
70	その他の経常移転
71	他に分類されない国内経常移転
72	経常国際協力
73	経常国際協力以外の海外移転
80	対地方政府移転
81	経常支出
82	資本形成
83	現金による社会保障給付
84	社会扶助給付
85	経常補助金
86	その他
90	その他
91	財産所得支払
92	資本移転
93	公務員宿舎施設費
94	土地無形資産購入
95	その他

23	貸 付 金	金 利	子
24	出 資 金	供 託 金	公 共 事 業 関 係 費	等

（参考）歳入歳出予定額科目別表の歳出の各目に付したコード番号の読み方の例

[設例1] 「一般政府」に分類される特別会計

科	目	令和6年度予定額(千円)	前年度予算額(千円)	比較増△減額(千円)
01	事 務 取 扱 費	3,147,240	2,931,301	215,939
95016-111-02	職 員 基 本 給	189,452	201,136	△ 11,684

95 ― 016 ― 11 ― 1 ― 02
(1)　(2)　(3)　(4)　(5)

(1) 主 要 経 費 別　→　その他の事項経費
(2) 目 的 別　→　一 般 行 政 費
(3) 経 済 性 質 別　→　雇 用 者 報 酬
(4) 使 途 別　→　人 件 費
(5) 目 別　→　職 員 基 本 給

[設例2] 「公的企業」に分類される特別会計

科	目	令和6年度予定額(千円)	前年度予算額(千円)	比較増△減額(千円)
02	空 港 整 備 事 業 費	141,505,173	129,744,364	11,760,809
43052-004-00	空港整備事業費	129,619,876	120,751,178	8,868,698

43 ― 052 ― 00 ― 4 ― 00
(1)　(2)　(3)　(4)　(5)

(1) 主 要 経 費 別　→　港湾空港鉄道等整備事業費
(2) 目 的 別　→　国 土 開 発 費
(3) 経 済 性 質 別　→
(4) 使 途 別　→　施 設 費
(5) 目 別　→　公 共 事 業 関 係 費 等

【政府関係機関】

コ ー ド 番 号 に つ い て

1 コード番号設定の目的

コード番号設定の目的は、予算の内容について、その分析を多角的に行うため、経費の性質、分類等を明らかにすることにある。

2 コード番号の読み方

(1) 各政府関係機関に付した4桁の数字は、政府関係機関のコード番号である。

(2) 各政府関係機関(業務区分のあるものは業務。)の収入の款項目別区分の表及び収入支出予定額科目別表の収入に付した6桁の数字は、左から款(2桁)、項(2桁)、目(2桁)をあらわすコード番号である。

(3) 支出の事項別内訳の表及び収入支出予定額科目別表の支出の各項に付した2桁の数字は、政府関係機関(業務区分のあるものは業務。)ごとに付した項のコード番号である。

(4) 収入支出予定額科目別表の支出の各目に付した3桁の数字は、左から使途別(1桁)の分類をあらわすコード番号及び目の一連番号(2桁)である。

(5) 各種分類のコード番号は次のとおりである。

(イ) 政府関係機関

1010	沖縄振興開発金融公庫	2012	農林水産業者向け業務
2010	株式会社日本政策金融公庫	2013	中小企業者向け業務
2011	国民一般向け業務	2014	信用保険等業務

2015	危機対応円滑化業務	2020	株式会社国際協力銀行
2016	特定事業等促進円滑化業務	3010	独立行政法人国際協力機構 有償資金協力部門

(備考)

4桁の数字の左から1桁は公庫、株式会社及び独立行政法人別区分のコード番号であり、次の3桁は公庫、株式会社及び独立行政法人ごとに付したコード番号である。なお、この3桁のうち、末尾の1桁の1から始まる数字は株式会社に付した業務区分のコード番号である。

(ロ) 使途別分類

1	人 件 費	5	補 助 費
2	旅 費	6	委 託 費
3	物 件 費		他 会 計 へ 繰 入
4	施 設 費	9	そ の 他

(ハ) 目の一連番号は、経費の最終支出による分類。

(備考)

国民経済計算上の政府支出を算出する場合の便宜に供するため、損益計算書に固定資産の減価償却費がある場合は、資本形成をあらわすコード番号20を付し、貸借対照表に資本形成に該当する項目がある場合は、前年度額に対する増(減)額が資本形成となるので、これをあらわすためのコード番号20と表示する。

（参考）収入支出予定額科目別表の支出の各目に付したコード番号の読み方の例

科目	令和6年度予定額(千円)	前年度予算額(千円)	比較増△減額(千円)
01 事業損金	10,938,731	9,880,816	1,057,915
1-01 役員給	87,322	86,287	1,035

```
1 — 01
—   —
(1)  (2)
```

(1) 使途別 → 人件費

(2) 目の一連番号

(2) 経済性質別分類項目について

1　経済性質別分類について

　予算の経済性質別分類は、国民経済計算上の政府支出を算出する場合の便宜に供するための分類である。

　従って、予算の経済性質別分類を説明する前に、国民経済計算について簡単に説明すると、

(1)　一国の経済活動の大きさを計る尺度として通常国内総生産（GDP）が用いられており、ある年度の国内総生産の前年度に対する比率を経済成長率と呼んでいる。国内総生産とは一定期間（通常暦年又は年度）に一国の国民経済によって生産された生産物（サービスを含む。）から中間消費を差し引いたもの（最終生産物）を市場価格で評価したものである。他方、この最終生産物は各経済主体によって購入され最終的な使用にあてられるが、このように国内総生産を支出面からとらえた概念が国内総支出と呼ばれるもので、両者は等価の関係にある。

(2)　国内総支出は、次のような需要項目から構成されている。

1　民間最終消費支出
2　政府最終消費支出
3　国内総資本形成
(1)　総固定資本形成
a　民　　　　間
b　公　　　　的
(2)　在庫変動
4　財貨・サービスの純輸出
合　計（国内総支出＝国内総生産）

(3)　ところで、財政支出は、民間最終消費支出や民間総資本形成などと
　　共に国内総支出の需要項目の一つであるが、財政支出のすべてが国
　　内総支出の需要項目となるのではなく、その支出が最終需要となる
　　経費（政府最終消費支出、公的総資本形成）と広い意味の移転支出
　　等（控除項目）に分けられる。このような観点から財政支出を分類
　　したものが経済性質別分類であって、支出項目の分類を示すと次の
　　とおりである。

経済性質別分類項目

コード	項　目	コード	項　目
10	経　常　支　出	73	経常国際協力以外の海外移転
11	雇　用　者　報　酬	80	対　地　方　政　府　移　転
12	中　間　投　入	81	経　常　支　出
13	生産・輸入品に課される税	82	資　本　形　成
14	現物社会移転(市場産出の購入)	83	現金による社会保障給付
15	その他の社会保険非年金給付	84	社　会　扶　助　給　付
20	資　本　形　成	85	経　常　補　助　金
30	会　計　間　重　複	86	そ　　の　　他
40	経　常　補　助　金	90	そ　　の　　他
50	現物による社会保障給付	91	財　産　所　得　支　払
60	社　会　扶　助　給　付	92	資　本　移　転
70	そ　の　他　の　経　常　移　転	93	公　務　員　宿　舎　施　設　費
71	他に分類されない国内経常移転	94	土　地　無　形　資　産　購　入
72	経　常　国　際　協　力	95	そ　　の　　他

（4）　政府の範囲…下図のように「一般政府」と「公的企業」に区分される。

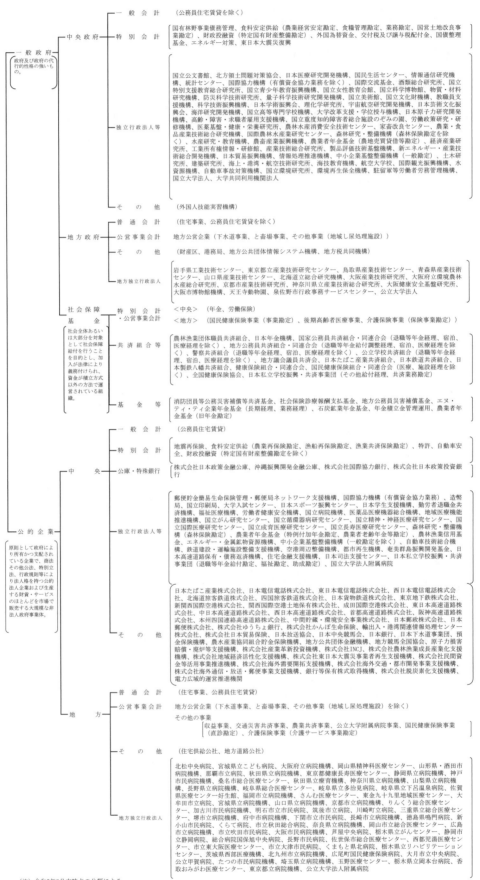

一般政府
（政府及び政府の代行的な性格の強いもの。）

中央政府

一般会計　（公務員住宅賃貸を除く）

特別会計　　国有林野事業債務管理、食料安定供給（農業経営安定勘定、食糧管理勘定、業務勘定、国営土地改良事業勘定）、財政投融資（特定国有財産整備勘定）、外国為替資金、交付税及び譲与税配付金、国債整理基金、エネルギー対策、東日本大震災復興

独立行政法人等　　国立公文書館、北方領土問題対策協会、日本医療研究開発機構、国民生活センター、情報通信研究機構、統計センター、国際協力機構（有償資金協力業務を除く）、国際交流基金、酒類総合研究所、国立特別支援教育総合研究所、国立青少年教育振興機構、国立科学博物館、物質・材料研究機構、防災科学技術研究所、量子科学技術研究開発機構、国立美術館、国立文化財機構、教職員支援機構、科学技術振興機構、日本学術振興会、理化学研究所、宇宙航空研究開発機構、日本芸術文化振興会、海洋研究開発機構、国立高等専門学校機構、大学改革支援・学位授与機構、日本原子力研究開発機構、高齢・障害・求職者雇用支援機構、国立重度知的障害者総合施設のぞみの園、労働政策研究・研修機構、医薬基盤・健康・栄養研究所、農林水産消費安全技術センター、家畜改良センター、農業・食品産業技術総合研究機構、国際農林水産業研究センター、森林研究・整備機構（森林保険勘定を除く）、水産研究・教育機構、農畜産業振興機構、農業者年金基金（農地売買貸借等勘定）、経済産業研究所、工業所有権情報・研修館、産業技術総合研究所、製品評価技術基盤機構、新エネルギー・産業技術総合開発機構、日本貿易振興機構、情報処理推進機構、中小企業基盤整備機構（一般勘定を除く）、土木研究所、建築研究所、海上・港湾・航空技術研究所、海技教育機構、航空大学校、国際観光振興機構、水資源機構、自動車事故対策機構、国立環境研究所、環境再生保全機構、駐留軍等労働者労務管理機構、国立大学法人、大学共同利用機関法人

その他　（外国人技能実習機構）

地方政府

普通会計　（住宅事業、公務員住宅賃貸を除く）

公営事業会計　　地方公営企業（下水道事業、と畜場事業、その他事業（地域し尿処理施設））

その他　（財産区、港務局、地方公共団体情報システム機構、地方税共同機構）

地方独立行政法人　　岩手県工業技術センター、東京都立産業技術研究センター、鳥取県産業技術センター、青森県産業技術センター、山口県産業技術センター、北海道立総合研究機構、大阪産業技術研究所、大阪府立環境農林水産総合研究所、京都市産業技術研究所、神奈川県立産業技術総合研究所、大阪健康安全基盤研究所、大阪市博物館機構、天王寺動物園、泉佐野市行政事務サービスセンター、公立大学法人

社会保障基金
（社会全体あるいは大部分を対象として社会保障給付を行うことを目的とし、加入が法律により義務付けられ、資金が積立方式以外の方法で運営されている組織。）

特別会計・公営事業会計　　〈中央〉（年金、労働保険）　　〈地方〉（国民健康保険事業（事業勘定）、後期高齢者医療事業、介護保険事業（保険事業勘定））

共済組合等　　農林漁業団体職員共済組合、日本年金機構、国家公務員共済組合・同連合会（退職等年金経理、宿泊、医療経理を除く）、地方公務員共済組合・同連合会（退職等年金給付調整経理、宿泊、医療経理を除く）、警察共済組合（退職等年金経理、宿泊、医療経理を除く）、公立学校共済組合（退職等年金経理、宿泊、医療経理を除く）、地方議会議員共済会、日本たばこ産業共済組合、日本鉄道共済組合、日本製鉄八幡共済組合、健康保険組合・同連合会、国民健康保険組合・同連合会（医療、施設経理を除く）、全国健康保険協会、日本私立学校振興・共済事業団（その他給付経理、共済業務勘定）

基金等　　消防団員等公務災害補償等共済基金、社会保険診療報酬支払基金、地方公務員災害補償基金、エヌ・ティ・ティ企業年金基金（長期経理、業務経理）、石炭鉱業年金基金、年金積立金管理運用、農業者年金基金（旧年金勘定）

公的企業
（原則として政府により所有かつ支配されている企業で、商法その他法令、特別立法、行政規則等により法人格を持つ公的法人企業および生産する財貨・サービスのほとんどを市場で販売する大規模な非法人政府事業体。）

中央

一般会計　（公務員住宅賃貸）

特別会計　　地震再保険、食料安定供給（農業再保険勘定、漁船再保険勘定、漁業共済保険勘定）、特許、自動車安全、財政投融資（特定国有財産整備勘定を除く）

公庫・特殊銀行　　株式会社日本政策金融公庫、沖縄振興開発金融公庫、株式会社国際協力銀行、株式会社日本政策投資銀行

独立行政法人等　　郵便貯金簡易生命保険管理・郵便局ネットワーク支援機構、国際協力機構（有償資金協力業務）、造幣局、国立印刷局、大学入試センター、日本スポーツ振興、日本学生支援機構、勤労者退職金共済機構、福祉医療機構、労働者健康安全機構、国立病院機構、医薬品医療機器総合機構、地域医療機能推進機構、国立がん研究センター、国立循環器病研究センター、国立精神・神経医療研究センター、国立国際医療研究センター、国立成育医療研究センター、国立長寿医療研究センター、森林研究・整備機構（森林保険勘定）、農業者年金基金（特例付加年金経理）、中小企業基盤整備機構（一般勘定を除く）、自動車技術総合機構、鉄道建設・運輸施設整備支援機構、空港周辺整備機構、都市再生機構、奄美群島振興開発基金、日本高速道路保有・債務返済機構、住宅金融支援機構、日本司法支援センター、日本私立学校振興・共済事業団（退職等年金給付勘定、福祉勘定、助成勘定）、国立大学法人附属病院

その他　　日本たばこ産業株式会社、日本電信電話株式会社、東日本電信電話株式会社、西日本電信電話株式会社、北海道旅客鉄道株式会社、四国旅客鉄道株式会社、日本貨物鉄道株式会社、東京地下鉄株式会社、新関西国際空港株式会社、関西国際空港土地保有株式会社、成田国際空港株式会社、日本高速道路株式会社、中日本高速道路株式会社、西日本高速道路株式会社、首都高速道路株式会社、阪神高速道路株式会社、本州四国連絡高速道路株式会社、中間貯蔵・環境安全事業株式会社、日本郵政株式会社、日本郵便株式会社、株式会社ゆうちょ銀行、株式会社かんぽ生命保険、輸出入・港湾関連情報処理センター株式会社、株式会社日本貿易保険、日本放送協会、日本下水道事業団、預金保険機構、農水産業協同組合貯金保険機構、地方公共団体金融機構、地方競馬全国協会、原子力損害賠償・廃炉等支援機構、株式会社産業革新投資機構、株式会社INCJ、株式会社民間資金等活用事業推進機構、株式会社地域経済活性化支援機構、株式会社東日本大震災事業者再生支援機構、株式会社民間資金等活用事業推進機構、株式会社海外需要開拓支援機構、株式会社海外交通・都市開発事業支援機構、株式会社海外通信・放送・郵便事業支援機構、銀行等保有株式取得機構、株式会社脱炭素化支援機構、電力広域的運営推進機関

地方

普通会計　（住宅事業、公務員住宅賃貸）

公営事業会計　　地方公営企業（下水道事業、と畜場事業、その他事業（地域し尿処理施設）を除く）

その他の事業　　収益事業、交通災害共済事業、農業共済事業、公立大学附属病院事業、国民健康保険事業（直診勘定）、介護保険事業（介護サービス事業勘定）

その他　（住宅供給公社、地方道路公社）

地方独立行政法人　　北松中央病院、宮城県立こども病院、大阪府立病院機構、岡山県精神科医療センター、山形県・酒田市病院機構、那覇市立病院、秋田県立病院機構、東京都健康長寿医療センター、静岡県立病院機構、神戸市民病院機構、桑名市総合医療センター、秋田県立療育機構、神奈川県立病院機構、山梨県立病院機構、長野県立病院機構、岐阜県総合医療センター、岐阜県立多治見病院、岐阜県立下呂温泉病院、佐賀県医療センター好生館、福岡市立病院機構、さんむ医療センター、東金九十九里地域医療センター、大牟田市立病院、宮城県立病院機構、山口県立病院機構、京都市立病院機構、りんくう総合医療センター、加古川市民病院機構、明石市立市民病院、筑後市立病院、川崎町立病院、三重県立総合医療センター、堺市立病院機構、府中市病院機構、下関市立市民病院、長崎市立病院機構、徳島県鳴門病院、新小山市民病院、くらて病院、市立秋田総合病院、奈良県立病院機構、岡山市立総合医療センター、広島市立病院機構、市立吹田市民病院、大阪市民病院機構、芦屋中央病院、栃木県立がんセンター、静岡市立静岡病院、総合病院国保旭中央病院、長野市民病院、佐世保市総合医療センター、西都児湯医療センター、市立東大阪医療センター、市立大津市民病院、くまもと県北病院機構、栃木県立リハビリテーションセンター、茨城県西部医療機構、北九州市立病院機構、広尾町国民健康保険病院、大月市立中央病院、公立甲賀病院、たつの市民病院機構、埼玉県立病院機構、玉野医療センター、栃木県立岡本台病院、香取おみがわ医療センター、東京都立病院機構、公立大学法人附属病院

（注）令和5年3月末時点の分類による。

2 経済性質別コードの設定・表示
(1) 一科目の内容が二つ以上の複合された経済性質から形成されている
もの（特に補助金等）は、その内容の最も大きなものを代表として経
済性質別コード番号を付することとする。
(2) 公的企業の財務諸表中、損益計算書に固定資産の減価償却費がある
場合は、資本形成をあらわすコード番号20を付し、貸借対照表に資本
形成に該当する項目がある場合は、前年度額に対する増減額が資本形
成となるので、これをあらわすためコード番号20と表示する。

3 経済性質別分類の各項目の説明
(1) 経常支出〔10〕
(イ) 雇用者報酬〔11〕
雇用者の仕事に対する報酬として雇用者に対して支払われた現金
または現物による報酬。
現金給与（賃金、給料、手当、賞与、役員報酬、議員歳費等）、現
物給与、雇主の現実社会負担（社会保障基金等への強制的、自発的
負担金。児童手当、国家公務員共済組合負担金等）及び雇主の帰属
社会負担（退職一時金等の無基金への負担金）。
なお、雇主の帰属非年金負担については、その他の社会保険非年
金給付〔15〕に分類する。
(ロ) 中間投入〔12〕
生産の過程で原材料・光熱燃料・間接費等として投入された非耐
久財及びサービス。
一般事務費（謝金、旅費、委託費等）のように政府活動の経常コス
トとみなされるもの及び耐用年数を大幅に延ばすことのないような
固定資産の維持補修など。
(ハ) 生産・輸入品に課される税〔13〕
財貨・サービスの生産、販売、購入または使用に関して生産者に
課される租税で、税法上損金算入を認められ、その負担が最終購入
者へ転嫁されるもの。
自動車重量税、国有資産所在市町村交付金のように政府が一般政
府に支払う税など。
(ニ) 現物社会移転（市場産出の購入）〔14〕
一般政府から家計への移転のうち、現物の形で支給することを目
的に、市場生産者から購入される財貨・サービス。
社会保障基金による医療保険給付分で国が保険者（年金（健康勘

定）、労働保険（労災勘定））となって支出するもの、教科書購入費、戦傷病者等無賃乗車船等負担金など。

なお、地方政府による医療保険給付（国民健康保険、後期高齢者医療、介護保険）に充てるための国から地方への支出は、他に分類されない国内経常移転〔71〕、地方政府を経由して支出される児童保護費負担金（公立保育園分）などは、対地方政府移転の経常支出〔81〕に分類する。

㈩　その他の社会保険非年金給付〔15〕

社会保障基金、金融機関（年金基金）、共済制度などの外部機関を利用せず、また自己で基金を設けることもせず、雇主がその源から雇用者に支払う福祉的給付。

公務災害補償費、弔慰費、労働災害に対する見舞金など。

(2)　資本形成〔20〕

支出（購入及び自己生産物の使用）のうち、中間消費とならないものであり、総固定資本形成と在庫変動からなる。

総固定資本形成は、住宅、住宅以外の建物、構築物、土地改良、機械・設備、防衛装備品、育成生物資源（種畜、乳牛、果樹、農園等）、知的財産生産物（研究開発（※）、鉱物探査・評価、1年を超え生産に使用するコンピューターソフトウェア（受注型、パッケージ型及びインハウス型）等。）からなる。

なお、公共事業関係費及び研究開発に係る経常支出（雇用者報酬、中間投入、生産・輸入品に課される税、その他の社会保険非年金給付）、施設整備に係る旅費・庁費、有形・無形固定資産の購入費なども含まれる。

在庫変動は、所有する製品、仕掛品、原材料等の棚卸資産のある一定期間における物量的増減を市場価格で評価したものである。（防衛装備品のうち弾薬類、食料安定供給特別会計の米等の原材料等の増減）

（※）「研究開発」とは、知識ストックを増加させ、効率性や生産性の改善あるいは将来の利益を得ることを目的として体系的に実施される創造的活動であるが、ここでは、国の研究機関が直接内部で実施する研究開発に係る支出を意味し、委託費及び補助金は含まれない。

(3)　会計間重複〔30〕

中央政府内部及び各社会保障基金間の重複を差引くためのもの。

中央政府内の各会計間の繰入及び中央政府に分類される独立行政法

人等への交付金、社会保障基金に分類される特別会計から社会保障基金に対する運営費補助など。

(4)　経常補助金〔40〕
　　産業振興あるいは製品の市場価格を低める等の政府の政策目的によって、政府から産業に対して一方的に給付され、受給者の側において、収入として処理されるすべての経常交付金。
　　公的企業の営業損失を補うためになされる政府からの繰入れも含まれる。
　　なお、対家計民間非営利団体や家計への経常的交付金は、他に分類されない経常移転〔71〕に分類する。

(5)　現金による社会保障給付〔50〕
　　社会保障基金から家計に対して現金の形で給付されるもの。
　　ここには、健康保険による医療・介護の保険給付分など直接家計に現金で支払われないものは含まれない。
　　なお、本来の保険給付以外の受給権者に対して給付される補助的な給付も含まれる。

(6)　社会扶助給付〔60〕
　　一般政府から家計への移転のうち、社会保障制度を通じる以外のもの。
　　社会保険制度に含まれない各種手当や恩給など。
　　なお、地方政府を経由して支出される社会扶助給付は〔84〕に分類する。

(7)　その他の経常移転〔70〕
　(イ)　他に分類されない国内経常移転〔71〕
　　　国内経常移転であって他に分類されないもの。
　　　対家計民間非営利団体（学校法人、社会福祉法人及び民法上の社団・財団法人、NPO法人等）に対する経常移転など。
　　　なお、一般会計から社会保障基金に分類される特別会計への繰入及び社会保障基金に対する運営費補助等も含まれる。
　(ロ)　経常国際協力〔72〕
　　　異なる国の政府間あるいは政府と国際機関との間における現金または現物による経常移転。

食料・衣料・医薬品等の消費財及びこれに関連する経常的な費用などの無償援助、国際連合等の国際機関に対する分担金・拠出金など。

なお、資本形成を目的とした移転は、資本移転〔92〕に分類する。

(ハ) 経常国際協力以外の海外移転〔73〕

経常国際協力以外の海外移転。

(8) 対地方政府移転〔80〕

(イ) 経常支出〔81〕（参考：経常支出〔10〕）

地方政府において直接経常支出に用いられる経費。

(ロ) 資本形成〔82〕（参考：資本形成〔20〕）

地方政府において直接資本形成に用いられる経費。

(ハ) 現金による社会保障給付〔83〕（参考：現金による社会保障給付〔50〕）

社会保障基金から地方政府に対して支出され、地方政府を経て支給される給付費。

(ニ) 社会扶助給付〔84〕（参考：社会扶助給付〔60〕）

地方政府を経由する社会扶助給付。

(ホ) 経常補助金〔85〕（参考：経常補助金〔40〕）

地方政府を経由する経常補助金。

(ヘ) その他〔86〕

対地方政府移転で〔81〕～〔85〕以外のもの。

(9) その他〔90〕

(イ) 財産所得支払〔91〕

カネ、土地及び無形資産（著作権・特許権等）を貸借する場合、この貸借を原因として発生する所得の移転。

利子及び配当、地代（土地の純賃貸料）、著作権・特許権の使用料など。

ただし、構築物、設備、機械等の再生産可能な有形固定資産の賃借に関するものは、中間投入〔12〕に分類する。

(ロ) 資本移転〔92〕

反対給付を伴わない移転のうち、受取側の資本形成やその他の資本蓄積あるいは長期的な支出の資金源泉となるもの。

一般政府が法人企業に対して行う投資補助金など。

(ハ) 公務員宿舎施設費〔93〕

公務員宿舎の施設費、整備費及び直接経費。

㈡　土地無形資産購入〔94〕

土地及び無形固定資産（ソフトウェア等資本形成の対象とされるものを除く。）の購入費など。

㈭　その他〔95〕

他のいずれの項目にも該当しないもの。

出資金及び貸付金など。

(3) 令和6年度予算の執行手続に当たっての
「コード番号」の設定について

　昭和44年度予算から、予算書に「コード番号」を設定したことに伴いその執行手続きについて次の要領により、コード番号を設定する。

〔歳出科目に付するコード番号〕
 1　流用等により新たに科目が設置される場合
　⑴　コード番号設定の考え方
　　　流用等により新たに科目が設置される場合の目のコード番号の設定については、当該年度予算の目に付してあるコード番号を設定したときと同様の考え方により、新設される目にコード番号を付することとする。

　（例　示）　　平成22年度

　国会所管の（組織）裁判官弾劾裁判所、（項）裁判官弾劾裁判所、（目）賠償償還及払戻金への流用並びに科目設置の場合

　（項）裁判官弾劾裁判所における当初予算は裁判官弾劾裁判所の運営に必要な経費等を予算計上したが、（目）賠償償還及払戻金については未計上であった。しかし、年度途中に交通事故による賠償金を支払う必要が生じたため、新たに（目）賠償償還及払戻金の科目を設置し、95012-2123-09庁費から流用し支出しようとするものである。

　この場合の（目）賠償償還及払戻金のコード番号の設定は、当該年度予算の目のコード番号の設定と同様の考え方で設定すれば、

㈤	主要経費別分類	その他の事項経費	<u>95</u>
㈥	目的別分類	国会費	<u>012</u>
㈦	財政法公債金対象非対象別分類	財政法公債金対象経費以外のもの	<u>2</u>
㈧	経済性質別分類	その他	<u>95</u>
㈨	使途別分類	その他	<u>9</u>

（ヘ）　目別分類	賠償償還及び払戻金の類	18

となり、これを配列すれば

95012-2959-18　賠償償金及払戻金となる。

（2）　コード番号設定の時期

　　流用等及び科目設置についての「承認のとき」とする。

2　移替えに伴い新たに科目が設置される場合

（1）　コード番号設定の考え方

（イ）　「項」のコード番号設定

　　他の組織又は他の所管から移替えを受ける場合、移替え経費の項に付してあるコード番号と同一のコード番号が当該所管内にある場合が多いのでそれと区分する必要がある。したがって、移替えを受ける場合は、別表(1)により移替え経費の各項にあらかじめ設定されたコード番号を付することとする。

　　なお、同一所管内の二以上の組織に移替えを受ける場合は組織の配列の順序にしたがって順次コード番号を設定する。

　　ただし、移替えの時期により組織の配列の順序によらないことがある。

（ロ）　「目」のコード番号設定

　　移替え経費に目の区分がなされているものについては、その目に付してあるコード番号とともに移替えを受けるが、目の区分がなされていないものについては移替えに際し新たに目を設置しコード番号を設定することとなる。その場合予算書の当該項の下段に表示された（　　　）内のコード番号のうち、

　　（a）　主要経費別分類

　　（b）　目的別分類

については、そのままのコード番号によるが

　　（c）　財政法公債金対象非対象別分類

　　（d）　経済性質別分類

　　（e）　使途別分類

については、それぞれの設置された目の内容によってかわることがある。なお、

　（f）　目別分類

は、（－・・）となっているので科目設定により当然設置された目の番号におきかえられる。

（例　示）　平成25年度

　　06　内閣府

　　　（組織）　内閣本府

　　　　190　沖縄北部連携促進特別振興対策特定開発事業推進費

　　　　（48059－1204－・・）

を国土交通省へ移替えるとすると、

　　15　国土交通省所管

　　　（組織）　国土交通本省

　　　　648　沖縄北部連携促進特別振興対策特定開発事業推進費

　　　　48059-1825-00　海岸事業費補助

となる。

　　なお、経済性質別分類は予算書上20（資本形成）となっているが、移替えに際し、設置される科目が対地方政府移転・資本形成である場合は82にかわることとなる。

⑵　コード番号設定の時期

　　移替えについての「承認のとき」とする。

3　前年度からの繰り越しに伴い新たに科目が設置される場合

　　前年度からの繰越し経費について新たに科目を設定する必要がある経費としては、

　⑷　前々年度限りの経費で前年度において明許で繰り越し、更に当該年度へ事故で繰り越す場合

　㋺　前年度限りの経費で当該年度へ明許又は事故で繰り越す場合

(a)　移替え経費

　　(b)　予備費使用経費

　　(c)　移替え経費及び予備費使用経費以外の経費

(1)　コード番号設定の考え方

㈦及び㈡の(c)の場合　前々年度予算書にコード番号が付してあるので、１カ年限りの経費となってもその事業等が完了するまでは、当該コードを使用する。

㈡の(a)の場合　移替えの際設定したコード番号を使用する。

　なお、当該年度に繰り越すため科目設定された項が当該年度予算の一般会計予算総則第15条及び特別会計予算総則第25条による移替え経費の項と同一の場合は（別表１）により移替え経費の各項にそれぞれ設定されたコード番号を付することとする。

㈡の(b)の場合　予備費を使用した経費については、原則として翌年度に繰り越して使用することは認めない建前であるが、止むを得ない特別の事由により翌年度に繰り越して使用せざるを得ない場合におけるコード番号の設定は次のとおりとする。

　(i)　翌年度に対応科目がある場合は、その対応科目に付してあるコード番号とする。

（前年度からの繰越の対応科目）

　　繰越の対象経費の翌年度における部局等及び科目は、原則として前年度の部局等及び科目と同一とする。ただし、科目、名称等を変更した場合は次による。

　(a)　科目内容によって実質的な変更はなく、単純な名称変更のみのものはその変更された科目を対応科目とする。

　(b)　科目の目的を拡張し、収縮し、或いは複数項を統合する等により科目名を変更した場合においても、繰越科目の内容が変更された科目の内容の一部をなしている場合は、その科目が対応科目となる。

(ii) 翌年度に対応科目がないため、新たに項の科目を設置する場合は予備費使用の際設定したコード番号とする。

(2) コード番号設定の時期

各省各庁の長が繰越しについて財務大臣の承認を経た範囲内で繰越しをしようとするときに財務省と合議して設定することとする。

4 予備費の使用により新たに科目等が設置される場合

(1) コード番号設定の考え方

予備費の使用により新たに項を設定する場合は、新たに各所管ごとに「901」から始まるコード番号を設定する。

ただし、前年度からの繰越しがある場合は、そのコード番号は設定済として配列の順序にしたがって順次設定する。

なお、同一所管内の二以上の組織に同時に予備費を使用し項の科目を設置する場合は、前記「2 移替えに伴い新たに科目が設置される場合」のときと同様、組織の配列の順序にしたがって順次コード番号を設定し、目の科目設置については、「1 流用等により新たに科目が設置される場合」と同様の考え方でコード番号を設定する。

また、「予備費使用に係る事項」のコード番号については、新たに科目が設置されると否とにかかわらず「○○○に必要な経費」として事項が設定されるので、その際の事項に付するコード番号は当該年度予算書に付したコード番号と同様「主要経費別分類」を明らかにするコード番号を付することとする。

(例示) 平成23年度

「株式会社東日本大震災事業者再生支援機構法」の施行に伴い、株式会社東日本大震災事業者再生支援機構が設立されることとなったので、同支援機構の行う業務の円滑な運営に資するための資金の一部として預金保険機構が行う同支援機構に対する出資に要する経費を支出するため、予備費を使用するにあたっての事項、項、目を設置する場

合。

〔予備費使用に係る事項〕　95　預金保険機構出資に必要な経費

06　内閣府所管

　　（組織）金融庁

901　東日本大震災復旧・復興金融機能安定確保費

95062－2959－24　預金保険機構出資金

（注）　財政法公債金対象非対象別分類のコードは、公共事業費（予算総則で定めている公共事業費の範囲）、出資金及び貸付金については「1」とし、それ以外については「2」とする（例示では、東日本大震災復旧・復興対策経費であり、特定財源経費であることから、「2」としていることに留意）。

⑵　コード番号設定の時期

　　「予備費使用決定のとき」とする。

⑶　予備費の使用により新たに科目を設置し、コード番号を設定した経費について更に補正予算で経費を追加した場合におけるコード番号については、予備費使用の際に付したコード番号を補正予算に付したコード番号に変更することとする。

5　弾力条項を適用し経費の使用に当たり新たに科目が設置される場合

　　弾力条項の規定は特別会計、政府関係機関にあり、通常の場合は、既定の項、目に経費を増加させることとなるのであるが、特定の特別会計においては、新たに項、目が設置される場合がある。（例えば北海道特定特別総合開発事業推進費の使用による一般会計からの繰入れの増加により弾力条項を適用する場合、自動車安全特別会計の空港整備勘定において項、目が新たに設置される。）

　　かかる場合は、当該特別会計の予備費の項のコード番号（すべて末尾に9の番号を付してある。）と他の項の配列された最後の項のコード番号との関連があるので（遊び番号）、弾力条項の適用により経費を使用する際にコード番号を設定することとする。

〔歳入科目に付するコード番号〕

1　昭和58年３月30日付蔵計第608号（以下「通達」という。）（別紙参照）

本文による申請科目の場合

(1)　コード番号設定の考え方

　①　一般会計

　　㋑　設置する科目が、令和６年度歳入予算明細書の「歳入予算部款項目別表」に掲げられている科目と同一の場合は、その科目と同一のコード番号を付して申請すること。

（例　示）

　　農林水産省主管で（目）「刊行物売払代」の科目を設置する場合

（歳入予算部款項目別表）　　　　　（農林水産省主管歳入予算明細書）

　　5000－00　雑　収　入　　　　　5000－00　雑　収　入

　　　5300－00　諸　収　入　　　　　5300－00　諸　収　入

　　　　5311－00　物品売払収入　　　　5311－00　物品売払収入

　　　　　5311－01　試験場製品等売　　5311－01　試験場製品等売
　　　　　　　　　　払代　　　　　　　　　　　　　払代

　　　　　5311－02　刊行物売払代　　　5311－04　不用物品売払代

　　　　　5311－03　特殊薬品売払代

　　　　　5311－04　不用物品売払代

農林水産省主管「物品売払収入」の配列番号により「5311－05刊行物売払代」とせず、歳入予算部款項目別表により「5311－02刊行物売払代」とする。

　　㋺　設置する科目が、令和６年度歳入予算明細書の「歳入予算部款項目別表」の科目にない場合は、主計局歳入・国債係と事前に合議して決定したコード番号を付して申請すること。

　②　特別会計

　　主計局各担当係と事前に合議して決定したコード番号を付して申請

すること。

 (2) コード番号設定の時期

  財務大臣が「科目の設置をしたとき」とする。

2 通達ただし書により各省各庁の長限りで設置する場合

 (1) 各省各庁の長限りで令和6年度に設置ができる科目

  ㈶ 令和6年度の予算にはないが、令和5年度の予算にある科目

  ㊨ 令和5年度及び令和6年度の予算にはないが、令和5年度に設置されている科目

  ㈻ 歳入徴収官事務規程第36条及び第37条により繰り越されている科目

 (2) コード番号設定の考え方

  ① 一般会計

   上記の㈶については、令和5年度歳入予算明細書の「歳入予算部款項目別表」の付されているコード番号による。

   ㊨及び㈻については、各主管ごとに限定（令和5年度歳入予算部款項目別表の科目は除く。）されているので別表(2)のとおり、あらかじめ設定されたコード番号による。

  ② 特別会計

   上記の㈶については、令和5年度歳入歳出予算額科目別表に付されているコード番号による。㊨及び㈻については、各特別会計ごとに令和5年度に設定されたコード番号による。

 (3) コード番号設定の時期

  「各省各庁の長において科目を設置したとき」とする。

  なお、特別会計のコード番号の設定については、あらかじめ主計局各担当係と合議の上設定すること。

別表（1）

（予算を移替えて執行する経費のコード番号）

1．一般会計

(1) 予算総則第15条の規定に基づく予算の移替え経費

（「601」から「850」までのコード番号で設定。）

所管	組織		項	コード番号
内閣府	内閣本府	187	沖縄振興交付金事業推進費	601
		188	沖縄北部連携促進特別振興事業費	607
		022	沖縄教育振興事業費	641
		023	沖縄保健衛生諸費	642
		197	沖縄国立大学法人施設整備費	633
		028	沖縄開発事業費	645
		190	沖縄北部連携促進特別振興対策特定開発事業推進費	648
	地方創生推進事務局	232	総合特区推進調整費	809
		234	地方創生基盤整備事業推進費	815
		235	特定地域づくり事業推進費	820
	科学技術・イノベーション推進事務局	292	科学技術イノベーション創造推進費	656
	宇宙開発戦略推進事務局	252	宇宙開発利用推進費	615
	こども家庭庁	323	大学等修学支援費	826

所管	組織		項	コード番号
デジタル庁	デジタル庁	003	情報通信技術調達等適正・効率化推進費	829
財務省	財務本省	014	特定国有財産整備費（「官公庁施設の建設等に関する法律」第10条の規定により国土交通大臣が行うものに限る。）	687
文部科学省	文部科学本省	034	南極地域観測事業費	701
国土交通省	国土交通本省	012	水資源開発事業費	721
		375	防災・減災対策等強化事業推進費	726
		083	離島振興事業費	739
		086	北海道開発事業費	745
		089	北海道特定特別総合開発事業推進費	756
	観光庁	225	国際観光旅客税財源観光振興費	775
環境省	環境本省	021	地球環境保全等試験研究費	781
	原子力規制委員会	054	放射能調査研究費	792

(2) 予算総則第14条の規定に基づく予算の移替え経費

各所管ごとに「851」から「900」までのコード番号とする。

2. 特別会計（東日本大震災復興特別会計）

（1）予算総則第25条の規定に基づく予算の移替え経費

（「601」から「850」までのコード番号で設定。）

所管	組織		項	コード番号	所管	組織		項	コード番号
復興庁	復興庁	02	東日本大震災復興支援対策費	602	復興庁	復興庁	20	社会保障等復興政策費	656
		05	原子力災害復興再生支援事業費	760			21	社会保障等復興事業費	664
		47	内閣共通費	766			23	農林水産業復興政策費	673
		82	内閣府共通費	767			24	農林水産業復興事業費	677
		49	法務省共通費	769			60	東日本大震災復興国立研究開発法人水産研究・教育機構運営費	788
		50	文部科学省共通費	772			25	経済・産業及びエネルギー安定供給確保等復興政策費	680
		52	農林水産省共通費	775			26	経済・産業及びエネルギー安定供給確保等復興事業費	685
		53	環境省共通費	778			28	東日本大震災復興独立行政法人中小企業基盤整備機構運営費	691
		06	地域活性化等復興政策費	641			29	住宅・地域公共交通等復興政策費	692
		08	治安復興政策費	643			30	環境保全復興政策費	694
		09	治安復興事業費	644			63	環境保全復興事業費	791
		11	消費生活復興政策費	646			31	東日本大震災復興事業費	696
		12	生活基盤行政復興政策費	647			78	東日本大震災復興国営追悼・祈念施設整備事業工事諸費	721
		13	生活基盤行政復興事業費	648			36	東日本大震災災害復旧等事業費	701
		54	法務行政復興政策費	781			66	東日本大震災復興農業施設災害復旧事業等工事諸費	795
		14	財務行政復興事業費	649					
		15	教育・科学技術等復興政策費	650					
		16	教育・科学技術等復興事業費	652					
		59	東日本大震災復興国立研究開発法人日本原子力研究開発機構運営費	787					

（2）予算総則第24条の規定に基づく予算の移替え経費

各所管ごとに「851」から「900」までのコード番号とする。

別表（2）

（各省各庁の長限りで令和6年度に設置ができる科目のコード番号）

一般会計

コード番号	部　款　項　目	主　管
1000-00	租　税　及　印　紙　収　入	
1100-00	租　　　　　税	
1124-00	地　　価　　税	
1124-01	地　　価　　税	財務省
4000-00	政　府　資　産　整　理　収　入	
4100-00	国　有　財　産　処　分　収　入	
4101-00	国　有　財　産　売　払　収　入	
4101-04	工　作　物　売　払　代	財務省
4101-05	船　舶　売　払　代	財務省
4101-01	土　地　売　払　代	国土交通省
4101-50	航　空　機　売　払　代	国土交通省
4104-00	防　衛　力　強　化　国　有　財　産　売　払　収　入	
4104-01	土　地　売　払　代	財務省
4150-00	有　償　管　理　換　収　入	
4150-01	有　償　管　理　換　収　入	財務省
4200-00	回　収　金　等　収　入	
4250-00	政　府　出　資　回　収　金　収　入	
4250-25	独　立　行　政　法　人　国　際　交　流　基　金　出　資　回　収　金	財務省
4250-26	独　立　行　政　法　人　造　幣　局　出　資　回　収　金	財務省
4250-76	国立研究開発法人量子科学技術研究開発機構出資回収金	財務省
4250-44	国立研究開発法人科学技術振興機構出資回収金	財務省
5000-00	雑　　収　　入	

コード番号	部　款　項　目	主　管
5100-00	国 有 財 産 利 用 収 入	
5104-00	利　子　収　入	
5104-03	延　納　利　子　収　入	内閣、総務省、厚生労働省、国土交通省
5103-00	配　当　金　収　入	
5103-50	物 納 証 券 等 配 当 金 収 入	財務省
5200-00	納　付　金	
5203-00	雑　納　付　金	
5203-79	独立行政法人国民生活センター納付金	内閣府
5203-80	独 立 行 政 法 人 北 方 領 土 問 題 対 策 協 会 納 付 金	内閣府
5203-37	独立行政法人国際協力機構納付金	外務省
5203-73	独立行政法人国際交流基金納付金	外務省
5203-87	独 立 行 政 法 人 造 幣 局 納 付 金	財務省
5203-49	日本私立学校振興・共済事業団納付金	文部科学省
5203-39	国 立 研 究 開 発 法 人 物 質・材 料 研 究 機 構 納 付 金	文部科学省
5203-41	国 立 研 究 開 発 法 人 防 災 科 学 技 術 研 究 所 納 付 金	文部科学省
5203-40	国立研究開発法人量子科学技術研究 開 発 機 構 納 付 金	文部科学省
5203-91	独立行政法人日本学術振興会納付金	文部科学省
5203-94	独 立 行 政 法 人 日 本 スポーツ 振 興 セ ン タ ー 納 付 金	文部科学省
5203-97	独立行政法人高齢・障害・求職者雇用支 援 機 構 納 付 金	厚生労働省
5203-98	独立行政法人福祉医療機構納付金	厚生労働省
5203-12	独立行政法人国立重度知的障害者総合 施 設 の ぞ み の 園 納 付 金	厚生労働省
5203-82	独立行政法人農業者年金基金納付金	農林水産省
5203-76	国立研究開発法人新エネルギー・産業技 術 総 合 開 発 機 構 納 付 金	経済産業省
5203-70	独立行政法人日本貿易振興機構納付金	経済産業省
5203-77	独立行政法人情報処理推進機構納付金	経済産業省

コード番号	部　款　項　目	主　管
5203-78	独立行政法人エネルギー・金属鉱物資源機　構　納　付　金	経済産業省
5203-22	国立研究開発法人土木研究所納付金	国土交通省
5203-20	国立研究開発法人海上・港湾・航空技術研　究　所　納　付　金	国土交通省
5203-85	独立行政法人鉄道建設・運輸施設整備支援　機　構　納　付　金	国土交通省
5203-86	独立行政法人国際観光振興機構納付金	国土交通省
5203-84	独立行政法人水資源機構納付金	厚生労働省、農林水産省、経済産業省
5203-45	独立行政法人住宅金融支援機　構　納　付　金	国土交通省
5212-00	東日本大震災復興雑納付金	
5212-06	独立行政法人農畜産業振興機　構　納　付　金	農林水産省
5213-00	防衛力強化雑納付金	
5213-01	独立行政法人国立病院機構特別国　庫　納　付　金	厚生労働省
5213-02	独立行政法人地域医療機能推進機構特別　国　庫　納　付　金	厚生労働省
5300-00	諸　　　収　　　入	
5334-00	防衛力強化特別会計受入金	
5334-01	財政投融資特別会計特別措置受入金	財務省
5334-02	財政投融資特別会計受入金	財務省
5334-04	外国為替資金特別会計特　別　措　置　受　入　金	財務省
5304-00	公　共　事　業　費　負　担　金	
5304-31	エネルギー・鉄鋼港湾施設工事受　益　者　工　事　費　負　担　金	国土交通省
5304-18	水　資　源　開　発　施　設　災　害　復　旧事　業　費　負　担　金	国土交通省
5322-00	東日本大震災復興弁償及返納金	
5322-01	返　　　納　　　金	総務省、農林水産省、国土交通省
5335-00	防衛力強化弁償及返納金	
5335-01	返　　　納　　　金	内閣府、厚生労働省、農林水産省、経済産業省
5312-00	東日本大震災復興物品売払収入	

コード番号	部　款　項　目	主　管
5312-01	不　用　物　品　売　払　代	内閣府、経済産業省
5350-00	特　別　収　入	
5350-01	特　別　収　入	防衛省
5399-00	雑　　　入	
5399-53	貨　幣　交　換　差　増	財務省
5399-54	旧　令　共　済　年　金　勘　定　剰　余　金　受　入	財務省
5399-99	雑　収	デジタル庁
5398-00	東　日　本　大　震　災　復　興　雑　入	
5398-02	雑　収	農林水産省、経済産業省
7000-00	前　年　度　剰　余　金　受　入	
7100-00	前　年　度　剰　余　金　受　入	
7101-00	前　年　度　剰　余　金　受　入	
7101-01	前　年　度　剰　余　金　受　入	財務省
7102-00	東日本大震災復興前年度剰余金受入	
7102-01	前　年　度　剰　余　金　受　入	財務省
7103-00	防衛力強化前年度剰余金受入	
7103-01	前　年　度　剰　余　金　受　入	財務省
7104-00	脱炭素成長型経済構造移行推進 前　年　度　剰　余　金　受　入	
7104-01	前　年　度　剰　余　金　受　入	財務省

（別紙）

歳入の科目設置について

昭和58年3月30日
蔵　計　第608号
各　省　各　庁　宛
大　蔵　大　臣　名

　歳入の徴収にあたり調定する歳入科目は、一般会計各省主管歳入予算明細書及び各特別会計歳入歳出予定額科目別表に定める科目の区分によらなければならないが、予算計上科目に該当しない収入が生じたときは、下記事項を明示のうえ科目設置について申請をされたい。

　ただし、当該科目が前年度に設置されているときは、申請によることなく科目の設置があつたものとして整理されたい。

記

1．設置科目名（朱書）

2．科目の設置事由及び積算内訳

3．その他参考事項（根拠法令等）

国の行政機関の分野別定員

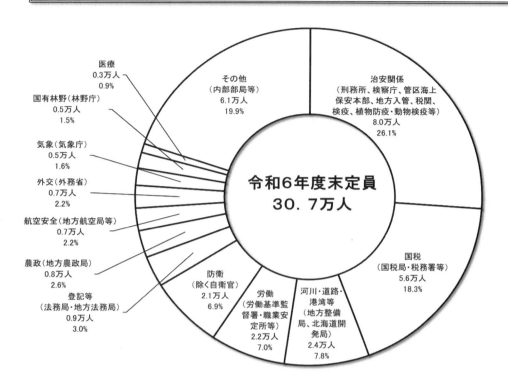

医療
0.3万人
0.9%

国有林野（林野庁）
0.5万人
1.5%

気象（気象庁）
0.5万人
1.6%

外交（外務省）
0.7万人
2.2%

航空安全（地方航空局等）
0.7万人
2.2%

農政（地方農政局）
0.8万人
2.6%

登記等
（法務局・地方法務局）
0.9万人
3.0%

その他
（内部部局等）
6.1万人
19.9%

治安関係
（刑務所、検察庁、管区海上
保安本部、地方入管、税関、
検疫、植物防疫・動物検疫等）
8.0万人
26.1%

令和6年度末定員
30.7万人

国税
（国税局・税務署等）
5.6万人
18.3%

防衛
（除く自衛官）
2.1万人
6.9%

労働
（労働基準監
督署・職業安
定所等）
2.2万人
7.0%

河川・道路・
港湾等
（地方整備
局、北海道開
発局）
2.4万人
7.8%

国家公務員の定員について

	令和元年度	令和2年度	令和3年度	令和4年度	令和5年度	令和6年度
国の行政機関	299,271人	301,435人	302,449人	303,636人	304,767人	307,379人

		令和元年度	令和2年度	令和3年度	令和4年度	令和5年度	令和6年度
自衛官		247,154人	247,154人	247,154人	247,154人	247,154人	247,154人
大臣、委員等の特別職		216人	217人	220人	220人	221人	221人
特別機関	国会	3,907人	3,908人	3,911人	3,914人	3,916人	3,918人
	裁判所	25,716人	25,699人	25,682人	25,616人	25,570人	25,539人
	会計検査院	1,248人	1,248人	1,249人	1,250人	1,250人	1,250人
	人事院	628人	628人	616人	617人	617人	621人
	小計	31,499人	31,483人	31,458人	31,397人	31,353人	31,328人

国家公務員　計	578,140人	580,289人	581,281人	582,407人	583,495人	586,082人

※各年度末定員

国家公務員の総人件費に関する基本方針

平成 26 年 7 月 25 日
閣 議 決 定

　国家公務員の総人件費については、以下の基本方針に基づき、関連する各制度について、必要な見直しを行いつつ総合的に運用するものとする。

1．基本的考え方

（1）　内閣の重要政策に対応するため、幹部職員人事の一元管理、人事行政及び組織管理を一体として行うことを通じ、府省の枠を超えた戦略的・機動的な人材配置の実現を目指す。このため、人的資源及び人件費予算の効果的な配分を行う。

（2）　厳しい財政事情に鑑み、職員構成の高齢化や雇用と年金の接続に伴う構造的な人件費の増加を抑制するとともに、簡素で効率的な行政組織・体制を確立することにより、総人件費の抑制を図る。

（3）　行政ニーズの変化に対応した行政組織の不断の見直し、組織活力の向上や人材の確保・育成、公務能率の向上に取り組み、コストパフォーマンスの高い政府の組織体制を確立することで、人件費の生み出す価値を一層高める。

（4）　あわせて、総人件費に関連する各制度及びその運用状況について国民の理解を得るよう努める。

2．給与及び退職給付

　給与については、人事院勧告制度を尊重するとの基本姿勢に立ち、国政全般の観点から検討を行った上で取扱いを決定する。

　また、職員の士気や組織活力の向上を図るとともに、国民の理解を得る観点から、地域の民間賃金や 60 歳超を含む高齢層従業員の給与の実態も踏まえつつ、能力・実績の給与への一層の反映や給与カーブの見直し等を推進する。

　さらに、退職給付（退職手当及び年金払い退職給付（使用者拠出分））について、官民比較に基づき、概ね 5 年ごとに退職手当支給水準の見直しを行うことを通じて、官民均衡を確保する。また、職員の年齢別構成を適正化し、組織活力の向上を図る観点から早期退職募集制度を活用する。

３．機構・定員及び級別定数

　　国の行政機関の機構管理については、行政ニーズの変化に的確に対応しつつ、簡素で効率的な行政組織の確立を図るため、既存機構の合理的再編成により対処することを基本とするとともに、既存機構の不断の見直しを行い、内閣の重要政策に戦略的・機動的に対応するための機構配置・再編を図る。

　　定員管理については、これまでの取組により主要先進国と比較してスリムな行政組織となっているが、厳しい財政事情にも鑑み、ＩＣＴの活用などの業務改革を推進して定員の合理化に強力に取り組むとともに、府省の枠にとらわれず定員の再配置を大胆に進め、内閣の重要政策に迅速かつ的確に対応できる体制を構築する。

　　級別定数及び指定職の号俸については、政府全体を通ずる国家公務員の人事管理にも資するよう、内閣の重要政策に対応できる体制を機構・定員管理と一体となって実現する。その際、複雑・高度化、ＩＣＴの活用などの業務の変化に応じ、官職の職責を適切に評価する。これらに当たり、適正な勤務条件の確保の観点からの人事院の意見を十分に尊重する。

４．人件費の生み出す価値の向上

　　人件費の生み出す価値を一層高める観点から、①適切な退職管理の実施と有為な人材の計画的な採用による組織活力向上、②人事交流の推進や研修等を通じた計画的な人材育成、③人事評価の的確な実施とその結果の反映を通じた能力・実績主義に基づく人事の推進、④女性の採用・登用の拡大と職員が働きやすい環境の整備、⑤意欲と能力を有する高齢層職員の活用、⑥業務運営の見直しやマネジメントの改革を通じた働き方の改革を推進する。

５．その他

　　内閣総理大臣は、上記の方針を踏まえ、毎年度、概算要求前に、人件費予算の配分の方針を定めるものとする。

国の行政機関の機構・定員管理に関する方針
― 戦略的人材配置の実現に向けて ―

平成26年7月25日
閣 議 決 定

　国家公務員の総人件費に関する基本方針（平成26年7月25日閣議決定。以下「基本方針」という。）を踏まえ、各年度の国の行政機関の機構・定員管理を戦略的かつ的確に実施するための基本的な枠組み及び指針を以下のとおり定める。
　内閣人事局は、内閣の重要政策に迅速かつ的確に対処できるよう、この方針の下、毎年度の機構・定員管理において、各年度に策定する人件費予算の配分の方針で示す内閣としての重点分野に沿って審査を行い、府省の枠を超えた戦略的な機構・定員配置を推進する。

1．機構管理の方針
　国の行政機関の機構管理については、基本方針で示された、行政ニーズの変化に的確に対応する簡素で効率的な行政組織の確立を推進するため、以下の方針に沿って行うものとする。
①　国の行政機関の機構管理については、既存機構の合理的再編成により対処することを基本とするとともに、既存機構の不断の見直しを図り、政府全体として戦略的な機構配置を実現する観点から、政策の重要度等を踏まえた機構の重点配置及び府省の枠を超えた機構の再配置を推進する。
②　このため、各府省は、機構の新設に当たっては、既存機構の廃止・再編等を行うことを原則とするとともに、必要に応じて府省の枠を超えた機構再編についても検討するものとする。内閣官房については、内閣及び内閣総理大臣を直接に補佐する機関であることに鑑み、その機構の新設・再編に当たっては、政策の重要度等を踏まえ、府省の枠を超えた柔軟な機構管理を行う。
③　年度途中に顕在化した課題に対して、緊急に体制を整備する必要がある場合には、毎年度の機構要求・審査手続によることなく、年度途中の機構要求・審査を行うなど機動的・弾力的な機構管理を行う。
④　③のほか、内閣の喫緊かつ重要な課題に対応するため、必要に応じて設置される内閣審議官等について、より柔軟に活用できるようにするものとする。

2．定員管理の方針
　各府省の国家公務員の定員管理については、基本方針に基づき、府省の枠にと

らわれない定員の再配置を的確に実施し、国の行政が適切に運営されるよう、以下の方針に沿って行うものとする。

(1) 計画期間中の定員管理
　① 　各府省の定員の合理化については、ＩＣＴの活用など行政の業務改革の取組を推進しつつ、計画的に実施することとし、平成 27 年度以降、5 年ごとに基準年度を設定し、府省全体で、対基準年度末定員比で毎年 2 ％（5 年 10 ％）以上を合理化することを基本とする。内閣人事局は、各府省の直近の定員の動向等を反映して、5 年ごとに各府省の合理化目標数を決定し、各府省に通知する。
　② 　各府省は、業務改革の取組を具体的に推進しつつ、定員の合理化を行い、組織内における行政需要の変化を反映して、自律的な組織内の再配置に努め、新規増員の抑制を図るものとする。その際、各府省の自己改革を促進する観点から、合理化目標数の一部については、内閣人事局の定めるところにより、業務改革による定員合理化の具体的な取組と併せて、再配置の要求を行うことができることとする。これに係る合理化目標数については、各府省における業務改革の取組状況等を踏まえ、5 年の計画期間内において、各年度に実施する合理化の員数を弾力化できることとする。
　③ 　上記のほか、各府省は、不断に業務改革に取り組み、定員合理化に努めるものとする。

(2) 各年度の定員管理
　① 　内閣人事局は、内閣の重要政策に対応した戦略的な定員配置を実現する観点から、府省の枠を超えて、大胆に定員の再配置を推進する。
　② 　内閣の重要政策として相当規模の増員が必要な行政需要に係る事務・事業や複数府省にまたがる事務・事業については、関連する他の府省からの定員の振替に積極的に取り組むこととする。
　③ 　各府省は、業務量に応じた業務実施体制や効率的・効果的な業務処理の在り方について不断に検証を行うとともに、行政事業レビューや政策評価の結果、行政評価等による勧告等を反映し、定員配置の最適化を図ることとする。
　　各府省の業務改革の取組を推進するため、総務省は、毎年度の機構・定員要求までに、各府省の業務改革の取組状況や業務の実施体制を点検し、「国の行政の業務改革に関する取組方針」（以下「取組方針」という。）を策定する。各府省は、取組方針を踏まえて機構・定員要求を行い、内閣人事局は、各府省の業務改革の取組を機構・定員の審査に適切に反映させる。総務省及び内閣人事局は、各府省の業務改革の具体的な取組及び機構・定員への反映状況

を毎年度取りまとめ、公表する。
　④　新規増員は、政府の新たな重要課題に適切に対処するため、政府全体の人的資源の戦略的な再配置を実現する観点から、特に必要が認められる場合に限ることとする。各府省は、既存業務の増大への対応に当たっては、自律的な組織内の再配置によることを原則とし、新規増員は厳に抑制する。
　⑤　年度途中に顕在化した課題に対して、緊急に体制を整備する必要がある場合には、定員上の措置を含め、機動的・弾力的に対応する。

３．その他
　①　各府省の国家公務員の定員管理の円滑化に資するため、府省間の実人員の移動の推進に努めるものとする。
　②　各府省は、各四半期末における欠員の状況を翌月末日までに内閣人事局に報告するものとする。
　③　公庫等の職員についても、この方針に準じて措置するものとする。

公務員の給与改定に関する取扱いについて

〔令和5年10月20日
  閣 議 決 定〕

1　一般職の職員の給与に関する法律（昭和25年法律第95号）
　の適用を受ける国家公務員の給与については、去る8月7日
　の人事院勧告どおり改定を行うものとする。

2　一般職の職員の勤務時間、休暇等に関する法律（平成6年
　法律第33号）の適用を受ける国家公務員の勤務時間について
　は、去る8月7日の人事院勧告どおり、令和7年度から、フ
　レックスタイム制の活用により、勤務時間の総量を維持した
　上で、週1日を限度に勤務時間を割り振らない日を設ける措
　置の対象となる職員の範囲を拡大するものとする。

3　特別職の国家公務員の給与については、おおむね1の趣旨
　に沿って取り扱うものとする。

4　1、2及び3の措置に併せ、次に掲げる各般の措置を講ず
　るものとする。

　(1)　国の行政機関の機構及び定員については、「国の行政機
　　関の機構・定員管理に関する方針」（平成26年7月25日閣
　　議決定）に沿って、厳格に管理を行う。

　(2)　独立行政法人（総務省設置法（平成11年法律第91号）第
　　4条第1項第6号に規定する独立行政法人をいう。）の役
　　職員の給与改定に当たっては、「独立行政法人改革等に関
　　する基本的な方針」（平成25年12月24日閣議決定）を踏ま
　　え、適切に対応する。
　　　また、特殊法人等の役職員の給与改定に当たっては、国
　　家公務員の給与水準を十分考慮して国民の理解が得られる
　　適正な給与水準となるよう、必要な指導を行うなど適切に
　　対応する。

5　地方公務員の給与改定については、各地方公共団体におい
　て、地方公務員法（昭和25年法律第261号）の趣旨に沿って適
　切に対応するとともに、厳しい財政状況及び各地方公共団体
　の給与事情等を十分検討の上、給与制度又はその運用が不適
　正であること等により地域における国家公務員又は民間の給

与水準を上回っている地方公共団体にあっては、その適正化を図るため必要な措置を講ずるよう要請するものとする。

　また、地方公共団体の適正な定員管理及び人件費の抑制に支障を来すような国の施策を厳に抑制するとともに、地方公共団体に対し、行政の合理化、能率化を図り、適正な定員管理の推進に取り組むよう要請するものとする。

決算に関する国会の議決

令和２年度決算に関する衆議院の議決

令和２年度一般会計歳入歳出決算、令和２年度特別会計歳入歳出決算、令和２年度国税収納金整理資金受払計算書、令和２年度政府関係機関決算書
右は本院において別紙のとおり議決した。
よってここに通知する。

令和６年６月１８日
衆議院議長　額　賀　福　志　郎
内閣総理大臣　岸　田　文　雄　殿

本院は、令和２年度決算について、予算執行の実績とその効果、会計検査院の検査報告などに重点を置いて審議を行ってきたが、さらに改善を要するものが認められるのは遺憾である。

1　予算の執行状況などからみて、所期の目的が十分達成されるよう、なお一層の努力を要する事項などが見受けられる。

次の事項がその主なものであるが、政府は、これらについて特に留意して適切な措置を執り、その結果を次の常会に本院に報告すべきである。

⑴　予算への多額計上が常態化している予備費については、予備費使用額を財源とする予算の大半を翌年度に繰り越している事例や国会開会中、特に年度末に使用決定が行われていることに加え、多額の不用額を生じさせており、このような財政運営を改めるよう努めるべきである。

本院における決算の議決や審議内容が、次年度以降の予算編成に反映され効率的で適切な予算執行に繋がるよう迅速かつ適宜適切な決算審議の実現に向けた取組に一層協力すべきである。

公益事業については、国の財政歳入１００兆円に加え、個人の金融資産を活用したインパクト投資や公益法人・ＮＰＯなどの新しい公共による課題解決を目指し、そのための寄附制度、税制や金融政策等の見直しを検討すべきである。

税と社会保障費の負担については、可処分所得の増加によって我が国の経済成長を加速させるため、適切な国民負担の在り方を検討すべきである。

⑵　被災者の避難先での支援については、避難先とのつながりが復興時の連携に果たす役割を考慮し、被災者に対する被災地、避難先の両地域での適切な支援が受けられるよう二地域居住対策を講じるべきである。

⑶　消防団員の確保については、処遇改善や企業の理解促進を図るとともに、消防団員に準中型免許制度の新設に伴う負担を軽減するなど、地域防災力強化のための連携した対策を講じるべきである。

(4)　外国人材受入れの課題については、今後外国人材を受入れて、定着を促そうとしている自治体に対し、多言語翻訳サービスの導入、日本語教育の充実や居住環境整備をはじめ、地域での共生社会に向けた取り組みを支援すべきである。

(5)　ＳＤＧｓについては、目標達成への進捗が遅れている分野を中心に、具体的なアクションプランを策定するとともに、外交面において、我が国は途上国支援だけでなく、ポストＳＤＧｓに向けた国際的な議論に主導権を発揮すべきである。

(6)　厳しい教員不足の状況については、教師の処遇改善や選考時期等を工夫するとともに、情報リテラシーや生成ＡＩ、データ活用などの新しい教育分野に必要な教員の人材確保を図るべきである。

　　また、給料を含めた再任用教員の処遇改善に取り組むとともに、教員志望者を増やすために効果の出ている好事例を横展開するなど、適切な措置を講じるべきである。

(7)　緊急小口資金や総合支援資金については、その償還等が困難な者に対する継続した支援や相談など丁寧な対応を行うべきである。

　　被災地におけるリハビリテーション職種の活動支援については、自治体と保健医療専門職団体との平時からの連携強化を促し、被災地での介護・福祉人材の迅速な確保やロジスティクス業務への支援の在り方を検討すべきである。

(8)　総合食料自給率については、数値目標を政策評価の対象とした上で、食料安全保障の観点からその達成状況について検証する仕組み作りの検討を進めるべきである。

　　農業政策については、次世代の農業者を確保するための方策として、就農や経営に係る資金的支援、相談体制の整備及びロボットや水管理システム等を活用したスマート農業の推進を実施すべきである。

(9)　我が国のエネルギー政策については、今後の電力需要増加を見越した上で温室効果ガス削減目標の実現を図りながら、太陽光発電設備の諸問題や賦課金値上げへの対応を強化しつつ再生可能エネルギーの導入を促進すべきである。

　　中小企業、小規模事業者の脱炭素化については、既存の補助事業の対象外となっている事業についても支援や補助が受けられるようにするなどして、脱炭素に係る事業に安心して取り組める環境を整備すべきである。

(10)　財政支出の削減については、公共施設の長寿命化やかかりつけ医制度など、予防的な政策に積極的に取り組み、そのために必要な資金を調達する財政スキームを検討すべきである。また、治水対策についても、流域治水の考え方を取り入れ、地元住民の調査や意見を踏まえ適宜見直すべきである。

　　少子化対策下での国土形成については、出生率の低い自治体から高い自治体への移住を促進する施策や、地方移住者等を就農に結び付けるため、当初は身分保証をする農業公社のような施策を検討すべきである。

　　インバウンド振興については、訪日外国人旅行客の旅行消費の拡大を促進するのみならず、我が国の伝統工芸品や特産品等のプロモーションにつながる事業を推進すべ

きである。

　(11)　在日米軍の施設区域にあるＰＣＢ廃棄物については、我が国が一部費用負担し処理
　　しており、早急に全てを処理する必要があることから、処理方法を検討すべきである。
2　会計検査院が検査報告で指摘した不当事項については、本院もこれを不当と認める。
　　政府は、これらの指摘事項について、それぞれ是正の措置を講じるとともに、綱紀を粛
　正して、今後再びこのような不当事項が発生することのないよう万全を期すべきである。
3　決算のうち、前記以外の事項については異議がない。
　政府は、今後予算の作成及び執行に当たっては、本院の決算審議の経過と結果を十分考慮
して、行財政改革を強力に推進し、財政運営の健全化、行政の活性化・効率化を図るととも
に、政策評価等の実施を通じた効果的かつ効率的な行政を推進し、もって国民の信託にこた
えるべきである。

令和3年度決算に関する衆議院の議決

令和3年度一般会計歳入歳出決算、令和3年度特別会計歳入歳出決算、令和3年度国税収納金整理資金受払計算書、令和3年度政府関係機関決算書
右は本院において別紙のとおり議決した。
よってここに通知する。

　　令和6年6月18日
　　　　　　　　衆議院議長　額　賀　福　志　郎
内閣総理大臣　岸　田　文　雄　殿

　本院は、令和3年度決算について、予算執行の実績とその効果、会計検査院の検査報告などに重点を置いて審議を行ってきたが、さらに改善を要するものが認められるのは遺憾である。
1　予算の執行状況などからみて、所期の目的が十分達成されるよう、なお一層の努力を要する事項などが見受けられる。
　　次の事項がその主なものであるが、政府は、これらについて特に留意して適切な措置を執り、その結果を次の常会に本院に報告すべきである。
⑴　予算への多額計上が常態化している予備費については、予備費使用額を財源とする予算の大半を翌年度に繰り越している事例や国会開会中、特に年度末に使用決定が行われていることに加え、多額の不用額を生じさせており、このような財政運営を改めるよう努めるべきである。
　　本院における決算の議決や審議内容が、次年度以降の予算編成に反映され効率的で適切な予算執行に繋がるよう迅速かつ適宜適切な決算審議の実現に向けた取組に一層協力すべきである。
　　公益事業については、国の財政歳入100兆円に加え、個人の金融資産を活用したインパクト投資や公益法人・NPOなどの新しい公共による課題解決を目指し、そのための寄附制度、税制や金融政策等の見直しを検討すべきである。
　　税と社会保障費の負担については、可処分所得の増加によって我が国の経済成長を加速させるため、適切な国民負担の在り方を検討すべきである。
⑵　被災者の避難先での支援については、避難先とのつながりが復興時の連携に果たす役割を考慮し、被災者に対する被災地、避難先の両地域での適切な支援が受けられるよう二地域居住対策を講じるべきである。
⑶　消防団員の確保については、処遇改善や企業の理解促進を図るとともに、消防団員に準中型免許制度の新設に伴う負担を軽減するなど、地域防災力強化のための連携した対策を講じるべきである。

⑷ 外国人材受入れの課題については、今後外国人材を受入れて、定着を促そうとしている自治体に対し、多言語翻訳サービスの導入、日本語教育の充実や居住環境整備をはじめ、地域での共生社会に向けた取り組みを支援すべきである。

⑸ ＳＤＧｓについては、目標達成への進捗が遅れている分野を中心に、具体的なアクションプランを策定するとともに、外交面において、我が国は途上国支援だけでなく、ポストＳＤＧｓに向けた国際的な議論に主導権を発揮すべきである。

⑹ 厳しい教員不足の状況については、教師の処遇改善や選考時期等を工夫するとともに、情報リテラシーや生成ＡＩ、データ活用などの新しい教育分野に必要な教員の人材確保を図るべきである。

　また、給料を含めた再任用教員の処遇改善に取り組むとともに、教員志望者を増やすために効果の出ている好事例を横展開するなど、適切な措置を講じるべきである。

⑺ 緊急小口資金や総合支援資金については、その償還等が困難な者に対する継続した支援や相談など丁寧な対応を行うべきである。

　被災地におけるリハビリテーション職種の活動支援については、自治体と保健医療専門職団体との平時からの連携強化を促し、被災地での介護・福祉人材の迅速な確保やロジスティクス業務への支援の在り方を検討すべきである。

⑻ 総合食料自給率については、数値目標を政策評価の対象とした上で、食料安全保障の観点からその達成状況について検証する仕組み作りの検討を進めるべきである。

　農業政策については、次世代の農業者を確保するための方策として、就農や経営に係る資金的支援、相談体制の整備及びロボットや水管理システム等を活用したスマート農業の推進を実施すべきである。

⑼ 我が国のエネルギー政策については、今後の電力需要増加を見越した上で温室効果ガス削減目標の実現を図りながら、太陽光発電設備の諸問題や賦課金値上げへの対応を強化しつつ再生可能エネルギーの導入を促進すべきである。

　中小企業、小規模事業者の脱炭素化については、既存の補助事業の対象外となっている事業についても支援や補助が受けられるようにするなどして、脱炭素に係る事業に安心して取り組める環境を整備すべきである。

⑽ 財政支出の削減については、公共施設の長寿命化やかかりつけ医制度など、予防的な政策に積極的に取り組み、そのために必要な資金を調達する財政スキームを検討すべきである。また、治水対策についても、流域治水の考え方を取り入れ、地元住民の調査や意見を踏まえ適宜見直すべきである。

　少子化対策下での国土形成については、出生率の低い自治体から高い自治体への移住を促進する施策や、地方移住者等を就農に結び付けるため、当初は身分保証をする農業公社のような施策を検討すべきである。

　インバウンド振興については、訪日外国人旅行客の旅行消費の拡大を促進するのみならず、我が国の伝統工芸品や特産品等のプロモーションにつながる事業を推進すべ

きである。

(11) 在日米軍の施設区域にあるＰＣＢ廃棄物については、我が国が一部費用負担し処理しており、早急に全てを処理する必要があることから、処理方法を検討すべきである。

2　会計検査院が検査報告で指摘した不当事項については、本院もこれを不当と認める。

政府は、これらの指摘事項について、それぞれ是正の措置を講じるとともに、綱紀を粛正して、今後再びこのような不当事項が発生することのないよう万全を期すべきである。

3　決算のうち、前記以外の事項については異議がない。

政府は、今後予算の作成及び執行に当たっては、本院の決算審議の経過と結果を十分考慮して、行財政改革を強力に推進し、財政運営の健全化、行政の活性化・効率化を図るとともに、政策評価等の実施を通じた効果的かつ効率的な行政を推進し、もって国民の信託にこたえるべきである。

令和４年度決算に関する衆議院の議決

令和４年度一般会計歳入歳出決算、令和４年度特別会計歳入歳出決算、令和４年度国税
収納金整理資金受払計算書、令和４年度政府関係機関決算書
右は本院において別紙のとおり議決した。
よってここに通知する。

　　令和６年６月１８日
　　　　　　　衆議院議長　額　賀　福　志　郎
内閣総理大臣　岸　田　文　雄　殿

　本院は、令和４年度決算について、予算執行の実績とその効果、会計検査院の検査報
告などに重点を置いて審議を行ってきたが、さらに改善を要するものが認められるのは
遺憾である。
１　予算の執行状況などからみて、所期の目的が十分達成されるよう、なお一層の努力
　を要する事項などが見受けられる。
　　次の事項がその主なものであるが、政府は、これらについて特に留意して適切な措
　置を執り、その結果を次の常会に本院に報告すべきである。
⑴　予算への多額計上が常態化している予備費については、予備費使用額を財源とする
　　予算の大半を翌年度に繰り越している事例や国会開会中、特に年度末に使用決定が行
　　われていることに加え、多額の不用額を生じさせており、このような財政運営を改める
　　よう努めるべきである。
　　　本院における決算の議決や審議内容が、次年度以降の予算編成に反映され効率的で
　　適切な予算執行に繋がるよう迅速かつ適宜適切な決算審議の実現に向けた取組に一層
　　協力すべきである。
　　　公益事業については、国の財政歳入１００兆円に加え、個人の金融資産を活用したイ
　　ンパクト投資や公益法人・ＮＰＯなどの新しい公共による課題解決を目指し、そのため
　　の寄附制度、税制や金融政策等の見直しを検討すべきである。
　　　税と社会保障費の負担については、可処分所得の増加によって我が国の経済成長を
　　加速させるため、適切な国民負担の在り方を検討すべきである。
⑵　被災者の避難先での支援については、避難先とのつながりが復興時の連携に果たす
　　役割を考慮し、被災者に対する被災地、避難先の両地域での適切な支援が受けられるよ
　　う二地域居住対策を講じるべきである。
⑶　消防団員の確保については、処遇改善や企業の理解促進を図るとともに、消防団員に
　　準中型免許制度の新設に伴う負担を軽減するなど、地域防災力強化のための連携した
　　対策を講じるべきである。

(4) 外国人材受入れの課題については、今後外国人材を受入れて、定着を促そうとしている自治体に対し、多言語翻訳サービスの導入、日本語教育の充実や居住環境整備をはじめ、地域での共生社会に向けた取り組みを支援すべきである。

(5) ＳＤＧｓについては、目標達成への進捗が遅れている分野を中心に、具体的なアクションプランを策定するとともに、外交面において、我が国は途上国支援だけでなく、ポストＳＤＧｓに向けた国際的な議論に主導権を発揮すべきである。

(6) 厳しい教員不足の状況については、教師の処遇改善や選考時期等を工夫するとともに、情報リテラシーや生成ＡＩ、データ活用などの新しい教育分野に必要な教員の人材確保を図るべきである。

　また、給料を含めた再任用教員の処遇改善に取り組むとともに、教員志望者を増やすために効果の出ている好事例を横展開するなど、適切な措置を講じるべきである。

(7) 緊急小口資金や総合支援資金については、その償還等が困難な者に対する継続した支援や相談など丁寧な対応を行うべきである。

　被災地におけるリハビリテーション職種の活動支援については、自治体と保健医療専門職団体との平時からの連携強化を促し、被災地での介護・福祉人材の迅速な確保やロジスティクス業務への支援の在り方を検討すべきである。

(8) 総合食料自給率については、数値目標を政策評価の対象とした上で、食料安全保障の観点からその達成状況について検証する仕組み作りの検討を進めるべきである。

　農業政策については、次世代の農業者を確保するための方策として、就農や経営に係る資金的支援、相談体制の整備及びロボットや水管理システム等を活用したスマート農業の推進を実施すべきである。

(9) 我が国のエネルギー政策については、今後の電力需要増加を見越した上で温室効果ガス削減目標の実現を図りながら、太陽光発電設備の諸問題や賦課金値上げへの対応を強化しつつ再生可能エネルギーの導入を促進すべきである。

　中小企業、小規模事業者の脱炭素化については、既存の補助事業の対象外となっている事業についても支援や補助が受けられるようにするなどして、脱炭素に係る事業に安心して取り組める環境を整備すべきである。

(10) 財政支出の削減については、公共施設の長寿命化やかかりつけ医制度など、予防的な政策に積極的に取り組み、そのために必要な資金を調達する財政スキームを検討すべきである。また、治水対策についても、流域治水の考え方を取り入れ、地元住民の調査や意見を踏まえ適宜見直すべきである。

　少子化対策下での国土形成については、出生率の低い自治体から高い自治体への移住を促進する施策や、地方移住者等を就農に結び付けるため、当初は身分保証をする農業公社のような施策を検討すべきである。

　インバウンド振興については、訪日外国人旅行客の旅行消費の拡大を促進するのみならず、我が国の伝統工芸品や特産品等のプロモーションにつながる事業を推進すべ

きである。

⑾　在日米軍の施設区域にあるＰＣＢ廃棄物については、我が国が一部費用負担し処理
　　しており、早急に全てを処理する必要があることから、処理方法を検討すべきである。
2　会計検査院が検査報告で指摘した不当事項については、本院もこれを不当と認める。
　　政府は、これらの指摘事項について、それぞれ是正の措置を講じるとともに、綱紀を粛
　正して、今後再びこのような不当事項が発生することのないよう万全を期すべきである。
3　決算のうち、前記以外の事項については異議がない。
　政府は、今後予算の作成及び執行に当たっては、本院の決算審議の経過と結果を十分考慮
して、行財政改革を強力に推進し、財政運営の健全化、行政の活性化・効率化を図るととも
に、政策評価等の実施を通じた効果的かつ効率的な行政を推進し、もって国民の信託にこた
えるべきである。

令和４年度決算に関する参議院の議決

令和４年度一般会計歳入歳出決算、令和４年度特別会計歳入歳出決算、令和４年度国税収納金整理資金受払計算書、令和４年度政府関係機関決算書
右は本院において別紙のとおり議決した。
よってここに通知する。

　　　令和６年６月１２日
　　　　　　　　参議院議長　尾　辻　秀　久
　内閣総理大臣　岸　田　文　雄　殿

一、本件決算は、これを是認する。
二、内閣に対し、次のとおり警告する。
　　　　内閣は、適切な措置を講じ、その結果を本院に報告すべきである。
　１　小林製薬株式会社が製造販売した紅麹原料を含む機能性表示食品の摂取により、死亡事例や入院事例など深刻な健康被害が多数発生したこと、消費者庁のガイドライン等では事業者が健康被害を把握した場合の報告義務や明確な報告基準が定められていないため、同社による被害把握から報告までに２箇月以上を要し、被害の拡大を招く事態となったことは、極めて遺憾である。
　　　　政府は、規制改革の一環として導入され、事業者の責任において届出だけで機能性を表示できる制度の下で、国民の生命と健康を脅かす事態が生じたことを重く受け止め、製造過程における安全性の確保や健康被害報告の厳格化を図るなど、制度を抜本的に見直し、再発防止に万全を期すべきである。
　２　東京オリンピック・パラリンピック競技大会の選手村における国産豚肉の提供に係る請負契約について、農林水産省の担当職員が年度ごとに業務を分割し２件の契約とする手続を煩雑であるなどとして、契約相手先との合意内容と異なる履行期限や架空の数量を記載した契約書を作成したのみならず、検査職員も事実と異なる検査調書を作成し、同省が契約金額全額を支払っていたことは、遺憾である。
　　　　政府は、国の財政の基本原則である予算の単年度主義を軽視して、会計法令に違反し、著しく適正を欠いた契約手続を行い、さらに組織としても防止できなかったことにより、政府全体の法令遵守意識に対する疑念を招いたことを重く受け止め、職員の意識改革や知識向上を図るとともに、会計法令の遵守を徹底させ、再発防止に万全を期すべきである。
　３　平成１９年に航空機による滑走路誤進入事案が相次いだことを踏まえ、国土交通省において再発防止に向けた取組を行ってきたにもかかわらず、令和６年１月、羽田空港の滑走路上で日本航空機と海上保安庁機が衝突、炎上し、多くの乗員乗客が巻き

込まれ、海上保安庁職員5名が亡くなる重大事故が発生したことは、極めて遺憾である。

　政府は、公共交通機関として人々の移動やインバウンド政策を支える航空において、何よりも安全性が優先されなければならない中、重大事故により尊い人命が失われたことを重く受け止め、同様の事故を二度と発生させることのないよう、原因究明と実効性のある再発防止策を徹底するとともに、航空管制官の人的体制の強化・拡充を通じて、航空の安全・安心の確保に万全を期すべきである。

4　令和6年4月、鳥島東海域において海上自衛隊のヘリコプター2機が空中衝突して墜落し、搭乗員1名が亡くなり、いまだ7名が行方不明となっている事故が発生したが、5年4月にも宮古島沖で陸上自衛隊のヘリコプターが墜落して搭乗員10名全員が亡くなるなど、自衛隊のヘリコプター墜落による重大事故が近年相次いで発生していることは、極めて遺憾である。

　政府は、大切な隊員の命が失われる事故が繰り返されていることを重く受け止め、事故原因を究明するのみならず、これまでの事故の教訓を風化させることがないよう、再発防止に向けた航空機の点検、操縦者への教育、各部隊における指導を徹底するとともに、操縦者の負担軽減のため必要十分な人員を確保して、安全管理に万全を期すべきである。

令和4年度決算審査措置要求決議

(令和6年6月10日参議院決算委員会決議)

　内閣は、本決議を踏まえ、適切な措置を講じ、その結果を参議院決算委員会に報告すべきである。

1　新型コロナウイルス感染症の無料検査事業における不正事案について

　政府は、新型コロナウイルス感染症対応地方創生臨時交付金に検査促進枠を創設し、6，200億円を予算計上して令和3年12月から5年5月まで都道府県によるPCR検査等の無料化を支援した。しかし、実施事業者による不正申請が、6年3月末までに東京都において393億円、大阪府において81億円に上るなど全国で相次いでいることが明らかとなった。

　政府は、急速に検査体制を拡充する必要があったことなどから、制度設計の準備や検討が十分に行えなかったとはいえ、多額の不正申請が生じていることを重く受け止め、不正申請の調査を進める都道府県と連携して実態を解明し、不正受給された交付金の返還を徹底するとともに、感染症対策として緊急的に実施する事業において不正を防止するための制度設計を検討すべきである。

2　特殊詐欺の被害防止策及び若者を犯罪に加担させないための取組の徹底について

　不特定多数の者から現金等をだまし取る特殊詐欺について、令和5年の被害額は2年連続で増加して453億円に上り、特に架空料金請求詐欺の被害額は140億円と前年から39億円の大幅増加となった。また、SNS上で犯罪実行者を募集するいわゆる「闇バイト」に若者が応募し、特殊詐欺等の重大な犯罪に加担してしまうことが大きな社会問題となっている。

　政府は、特殊詐欺の被害が深刻となっていることを踏まえ、取締りを徹底することはもとより、民間事業者との緊密な連携の下、被害の拡大が顕著な架空料金請求詐欺の手口に係る注意喚起等の被害防止策を更に推進するとともに、闇バイトがアルバイトではなく犯罪であることを周知徹底する広報啓発活動や不安定な就業状況にある若者への支援などを通じて、若者を特殊詐欺等に加担させないための総合的な取組を徹底すべきである。

3　地方公共団体における基幹業務システムの統一・標準化に向けた支援の強化について

　政府は、地方公共団体における基幹業務システムの統一・標準化について、令和7年度

までにガバメントクラウドを活用した標準準拠システムへ移行する目標とともに、平成３０年度比で情報システム運用経費等を少なくとも３割削減する目標を掲げて整備を進めている。しかし、令和６年３月の政府の公表では１，７８８団体の３万４，５９２システム中１７１団体の７０２システムが移行期限に間に合わない見込みであること、５年１２月に政府が公表したガバメントクラウド先行事業の中間報告において８地域中５地域で現行システムをそのままガバメントクラウドに移行した場合、ランニングコストが増加することが明らかとなった。

　政府は、期限ありきの移行による作業期間の集中が経費の増大や安定したシステムの運用に影響しかねないことを改めて認識し、各地方公共団体の実情に合わせた期限設定及び財政支援を行うとともに、地方公共団体とベンダーの経費削減交渉に係る仲介や、システム構築等に係る支援を強化すべきである。

4　学校における医療的ケア児に対する支援体制の整備について

　文部科学省は、各教育委員会に対し、学校における医療的ケア児への対応の在り方を示したガイドライン等の策定を求めているが、同省の調査によると、令和５年４月時点でガイドライン等を策定している教育委員会は全体の２２％にとどまっている。また、総務省行政評価局による調査では、小学校における医療的ケアの実施体制について、医療的ケア実施者を確保できていない事例や看護師の休暇時等において保護者の付添いが発生している事例等があり、在校時における発災への備えについては、医療器具等の備蓄や人工呼吸器用の非常用電源の確保が行われていない事例等が見受けられたことから、６年３月、総務省は文部科学省に対し改善を求める通知を発出した。

　政府は、医療的ケア児支援法の趣旨を踏まえ、各教育委員会によるガイドライン等策定の促進や総務省による通知に基づく改善措置を徹底し、医療的ケア児が学校において適切な医療的ケア等の支援を受けられるよう万全を期すべきである。

5　日本年金機構のコールセンター機器群における不十分な情報セキュリティ対策について

　日本年金機構は、年金に関する電話相談に対応するため、情報セキュリティ対策の対象となる情報システムとしてコールセンター機器群（ＣＣ機器群）を運用している。会計検査院が検査したところ、ＣＣ機器群の調達や保守業務の外部委託に際してセキュリティ要件を定義せず、機構の情報セキュリティポリシーの適合性確認や外部委託の実施に係る仕様書案の審査を実施していなかったこと、ＣＣ機器群のＯＳについて、セキュリティパッチを適用するなどのぜい弱性対策を実施していなかったことから、ポリシーに基づく適切な情報セキュリティ対策が講じられておらず、相談者の年金個人情報を含む録音

データが漏えいするなどのリスクが回避されているとは認められない状況となっていた事態が明らかとなった。

　政府は、機構がこれまで個人情報流出事案を発生させていることや、内部監査によってＣＣ機器群にぜい弱性があることを把握しながら十分な対策を講じていなかったことを踏まえ、機構において、保護の必要性の高い年金個人情報を取り扱っていることが十分に認識され、外部の環境変化や情報技術の進展に応じた継続的な見直しによって万全な情報セキュリティ対策が徹底されるよう指導監督すべきである。

6　水田活用の直接支払交付金における不適正な交付及び収量把握について

　農林水産省は、主食用米を作付けしない水田において、麦や大豆等の対象作物を生産する農業者に対して水田活用の直接支払交付金を交付している。令和２年度及び３年度に交付された交付金について会計検査院が検査したところ、水稲の作付けが困難な農地は交付対象から除くこととされているにもかかわらず、他の国庫補助金等によりビニールハウス等の園芸施設が設置されていて実質的に水稲の作付けが困難な農地に対して交付金が交付されていた事態、対象作物の収量が相当程度低い場合も交付対象から除くこととされているにもかかわらず、地方農政局等において対象作物の生産実績や収量を把握しないまま交付金添交付されていた事態等が明らかとなった。

　政府は、水田を活用して麦や大豆等の国内生産拡大を推進する交付金の制度趣旨が地方農政局等において徹底されていないことを踏まえ、水稲の作付けが困難な農地に係る判断基準を明確化して関係者に周知するとともに、交付対象農業者の収量が適切に把握されるよう取り組むべきである。

7　小型家電リサイクル推進事業の不十分な実績について

　環境省は、使用済小型電子機器等のリサイクルを推進するため、回収量の増加等に向けた市町村への支援事業や調査・検討等を行う小型家電リサイクル推進事業を実施しており、平成２４年度から令和４年度までに３５億円を超える予算が執行されている。しかし、平成２５年策定の「使用済小型電子機器等の再資源化の促進に関する基本方針」で掲げた使用済小型電子機器等の回収・再資源化量を年間１４万トンとする目標について、直近の令和４年度で８．９万トンにとどまるなど、これまで一度も達成することなく期限の先送りを繰り返していることが明らかとなった。

　政府は、多額の予算を投じてきたにもかかわらず、回収・再資源化の実績が不十分であることを重く受け止め、目標未達の原因分析や一者応札の改善、行政事業レビューシートに係る透明性向上を図った上で、市町村と関係事業者の連携による好事例の周知等を通じて早期に目標を達成し、使用済小型電子機器等のリサイクルをより一層促進すべきで

ある。

8　防衛省の契約において予定価格の過大積算が繰り返されている事態について

　　令和4年度決算検査報告では、防衛省地方防衛局が契約した建設工事等に伴う警備業
務契約に係る警備労務費の予定価格の積算について5億2,550万円過大となってい
ることが指摘された。同省の予定価格の積算については、平成28年度の海上警備業務、
30年度の航空機騒音自動測定装置等の保守点検業務、令和3年度の建設工事に係る道
路清掃員費及び各駐屯地等における給食業務等の部外委託など近年の検査報告において
同様の指摘が繰り返されており、平成28年度から令和4年度の検査報告におけるこれ
らの事態に係る指摘金額の合計は、11億6,040万円に上っている。
　　政府は、防衛関係費の大幅な増額が見込まれる中、これまで以上に適正かつ効率的な予
算執行が求められることを肝に銘じ、防衛省において類似の不適切な契約がないか検証
を行った上で、監査法人等の部外の知見や各種デジタル技術を取り入れるなど内部監査
機能を強化し、再発防止に万全を期すべきである。

予算成立経過表 (昭和50年度以降)

区　　　分		概算閣議決定年月日	提出閣議年月日	衆議院提出年月日	衆議院可決年月日	参議院可決年月日	配賦年月日	備考
昭和50年度	(第 75 回 国 会)　一 般 会 計　本予算　特 別 会 計　〃　政府関係機関　〃	50.1.10	50.1.24	50.1.24	50.3.4	50.4.2	50.4.2	
	(第 76 回 国 会)　一 般 会 計　第 1 号　特 別 会 計　特第1号　政府関係機関　機第1号	50.10.9	50.10.9	50.10.9	50.10.29	50.11.7	50.11.7	
昭和51年度	(第 77 回 国 会)　一 般 会 計　本 予 算　特 別 会 計　〃　政府関係機関　〃	50.12.31	51.1.23	51.1.23	51.4.9	51.5.8	51.5.8	
	一 般 会 計　暫定予算　特 別 会 計　〃　政府関係機関　〃	51.3.25	51.3.25	51.3.25	51.3.29	51.3.31	51.3.31	40日間
	(第 80 回 国 会)　一 般 会 計　第 1 号　特 別 会 計　特第1号　政府関係機関　機第1号	52.1.5	52.2.3	52.2.3	52.2.19	52.2.22	52.2.22	
昭和52年度	(第 80 回 国 会)　一 般 会 計　本予算　特 別 会 計　〃　政府関係機関　〃	52.1.20	52.2.3	52.2.3	52.3.18	52.4.16	52.4.16	
	(注) 一般会計及び特別会計について予算修正を行った。 (昭和52年3月15日予算修正閣議、修正書提出閣議、国会提出)							
	一 般 会 計　暫定予算　特 別 会 計　〃　政府関係機関　〃	52.3.29	52.3.29	52.3.29	52.3.30	52.3.31	52.3.31	16日間
	(第 82 回 国 会)　一 般 会 計　第 1 号　特 別 会 計　特第1号　政府関係機関　機第1号	52.10.3	52.10.3	52.10.3	52.10.17	52.10.24	52.10.24	
	(第 84 回 国 会)　一 般 会 計　第 2 号　特 別 会 計　特第2号　政府関係機関　機第2号	52.12.23	53.1.17	53.1.17	53.1.28	53.1.31	53.1.31	

区　　　　分		概算閣議決定年月日	提出閣議年月日	衆議院提出年月日	衆議院可決年月日	参議院可決年月日	配賦年月日	備考
昭和53年度	（第 84 回 国 会） 一 般 会 計　本 予 算 特 別 会 計　　　〃 政府関係機関　　　〃	52.12.29	53.1.24	53.1.24	53.3.7	53.4.4	53.4.4	
	（第 85 回 国 会） 一 般 会 計　第 1 号 特 別 会 計　特第 1 号 政府関係機関　機第 1 号	53.9.18	53.9.26	53.9.26	53.10.6	53.10.12	53.10.12	
昭和54年度	（第 87 回 国 会） 一 般 会 計　本 予 算 特 別 会 計　　　〃 政府関係機関　　　〃	54.1.11	54.1.25	54.1.25	54.3.7	54.4.3	54.4.3	
	（第 91 回 国 会） 一 般 会 計　第 1 号 特 別 会 計　特第 1 号 政府関係機関　機第 1 号	54.12.22	55.1.24	55.1.24	55.2.12	55.2.14	55.2.14	
昭和55年度	（第 91 回 国 会） 一 般 会 計　本 予 算 特 別 会 計　　　〃 政府関係機関　　　〃	54.12.29	55.1.24	55.1.24	55.3.8	55.4.4	55.4.4	
	（第 94 回 国 会） 一 般 会 計　第 1 号 特 別 会 計　特第 1 号 政府関係機関　機第 1 号	55.12.22	56.1.26	56.1.26	56.2.10	56.2.13	56.2.13	
昭和56年度	（第 94 回 国 会） 一 般 会 計　本 予 算 特 別 会 計　　　〃 政府関係機関　　　〃	55.12.29	56.1.26	56.1.26	56.3.7	56.4.2	56.4.2	
	（第 96 回 国 会） 一 般 会 計　第 1 号 特 別 会 計　特第 1 号 政府関係機関　機第 1 号	56.12.22	57.1.25	57.1.25	57.2.16	57.2.17	57.2.17	
昭和57年度	（第 96 回 国 会） 一 般 会 計　本 予 算 特 別 会 計　　　〃 政府関係機関　　　〃	56.12.28	57.1.25	57.1.25	57.3.9	57.4.5	57.4.5	
	（第 97 回 国 会） 一 般 会 計　第 1 号 特 別 会 計　特第 1 号	57.11.30	57.11.30	57.11.30	57.12.17	57.12.25	57.12.25	

区　　　分		概算閣議決定年月日	提出閣議年月日	衆議院提出年月日	衆議院可決年月日	参議院可決年月日	配　賦年月日	備　考
昭和58年度	（第 98 回 国 会） 一 般 会 計　本 予 算 特 別 会 計　　〃 政府関係機関　　〃	57.12.30	58.1.22	58.1.22	58.3.8	58.4.4	58.4.4	
	（第 101 回 国 会） 一 般 会 計　第 1 号 特 別 会 計　特第 1 号	59.1.20	59.2.8	59.2.8	59.2.22	59.2.24	59.2.24	
昭和59年度	（第 101 回 国 会） 一 般 会 計　本 予 算 特 別 会 計　　〃 政府関係機関　　〃	59.1.25	59.2.8	59.2.8	59.3.13	59.4.10	59.4.10	
	一 般 会 計　暫定予算 特 別 会 計　　〃 政府関係機関　　〃	59.3.28	59.3.28	59.3.28	59.3.29	59.3.30	59.3.30	11日間
	（第 102 回 国 会） 一 般 会 計　第 1 号 特 別 会 計　特第 1 号 政府関係機関　機第 1 号	59.12.24	60.1.25	60.1.25	60.2.9	60.2.13	60.2.13	
昭和60年度	（第 102 回 国 会） 一 般 会 計　本 予 算 特 別 会 計　　〃 政府関係機関　　〃	59.12.29	60.1.25	60.1.25	60.3.9	60.4.5	60.4.5	
	（第 104 回 国 会） 一 般 会 計　第 1 号 特 別 会 計　特第 1 号	60.12.23	61.1.24	61.1.24	61.2.13	61.2.15	61.2.15	
昭和61年度	（第 104 回 国 会） 一 般 会 計　本 予 算 特 別 会 計　　〃 政府関係機関　　〃	60.12.28	61.1.24	61.1.24	61.3.8	61.4.4	61.4.4	
	（第 107 回 国 会） 一 般 会 計　第 1 号 特 別 会 計　特第 1 号 政府関係機関　機第 1 号	61.10.28	61.10.31	61.10.31	61.11.6	61.11.11	61.11.11	
昭和62年度	（第 108 回 国 会） 一 般 会 計　本 予 算 特 別 会 計　　〃 政府関係機関　　〃	61.12.30	62.1.26	62.1.26	62.4.23	62.5.20	62.5.20	
	一 般 会 計　暫定予算 特 別 会 計　　〃 政府関係機関　　〃	62.3.27	62.3.27	62.3.27	62.3.30	62.3.31	62.3.31	50日間
	（第 109 回 国 会） 一 般 会 計　第 1 号 特 別 会 計　特第 1 号 政府関係機関　機第 1 号	62.7.6	62.7.6	62.7.6	62.7.17	62.7.24	62.7.24	

区　分	概算閣議決定年月日	提出閣議年月日	衆議院提出年月日	衆議院可決年月日	参議院可決年月日	配賦年月日	備考
昭和62年度 （第112回国会） 一般会計　第2号 特別会計　特第2号 政府関係機関　機第2号	62.12.23	63.1.25	63.1.25	63.2.18	63.2.20	63.2.20	
昭和63年度 （第112回国会） 一般会計　本予算 特別会計　〃 政府関係機関　〃	62.12.28	63.1.25	63.1.25	63.3.10	63.4.7	63.4.7	
一般会計　暫定予算 特別会計　〃 政府関係機関　〃	63.4.2	63.4.2	63.4.2	63.4.4	63.4.5	63.4.5	8日間
（第114回国会） 一般会計　第1号 特別会計　特第1号 政府関係機関　機第1号	元.1.19	元.2.8	元.2.8	元.3.3	元.3.7	元.3.7	
平成元年度 （第114回国会） 一般会計　本予算 特別会計　〃 政府関係機関　〃	元.1.24	元.2.8	元.2.8	元.4.28	（自然成立） 元.5.28	元.5.28	
（注）日本国憲法第60条第2項（後段）の規定により、平成元年5月28日に衆議院の議決どおり自然成立した。							
一般会計　暫定予算 特別会計　〃 政府関係機関　〃	元.3.29	元.3.29	元.3.29	元.3.30	元.3.31	元.3.31	50日間
一般会計　暫定補正予算 特別会計　〃 政府関係機関　〃	元.5.22	元.5.22	—	—	—	—	未提出
（第117回国会） 一般会計　第1号 特別会計　特第1号 政府関係機関　機第1号	元.12.24	2.1.19	2.1.19	—	—	—	2.1.24 解散のため審議未了
（第118回国会） 一般会計　第2号 特別会計　特第2号 政府関係機関　機第2号	2.2.28	2.2.28	2.2.28	2.3.22	2.3.26 否決	2.3.26	
（注）日本国憲法第60条第2項（前段）の規定により、平成2年3月26日に衆議院の議決を国会の議決とし、成立した。							
平成2年度 （第118回国会） 一般会計　本予算 特別会計　〃 政府関係機関　〃	2.2.28	2.2.28	2.2.28	2.5.10	2.6.7 否決	2.6.7	
（注）日本国憲法第60条第2項（前段）の規定により、平成2年6月7日に衆議院の議決を国会の議決とし、成立した。							

区分		概算閣議決定年月日	提出閣議年月日	衆議院提出年月日	衆議院可決年月日	参議院可決年月日	配賦年月日	備考
平成2年度	一般会計　暫定予算 特別会計　〃 政府関係機関　〃	2.3.28	2.3.28	2.3.28	2.4.3	2.4.4 否決	2.4.4	50日間
	(注) 日本国憲法第60条第2項（前段）の規定により、平成2年 4月4日に衆議院の議決を国会の議決とし、成立した。							
	一般会計　暫定補正予算 特別会計　〃 政府関係機関　〃	2.5.16	2.5.16	2.5.16	2.5.17	2.5.18 否決	2.5.18	19日間
	(注) 日本国憲法第60条第2項（前段）の規定により、平成2年 5月18日に衆議院の議決を国会の議決とし、成立した。							
	（第120回国会） 一般会計　第1号 特別会計　特第1号 政府関係機関　機第1号	2.11.30	2.12.10	2.12.10	2.12.13	2.12.17 否決	2.12.17	
	(注) 日本国憲法第60条第2項（前段）の規定により、平成2年 12月17日衆議院の議決を国会の議決とし、成立した。							
	一般会計　第2号 特別会計　特第2号	3.2.19	3.2.25	3.2.25	3.2.28	3.3.6	3.3.6	
平成3年度	（第120回国会） 一般会計　本予算 特別会計　〃 政府関係機関　〃	2.12.29	3.1.25	3.1.25	3.3.14	3.4.11 否決	3.4.11	
	(注) 一般会計及び特別会計について予算修正を行った。 （平成3年2月19日予算修正閣議、平成3年2月25日修正書提出 閣議、国会提出） (注) 日本国憲法第60条第2項（前段）の規定により、平成3年 4月11日に衆議院の議決を国会の議決とし、成立した。							
	一般会計　暫定予算 特別会計　〃 政府関係機関　〃	3.3.26	3.3.26	3.3.26	3.3.27	3.3.28	3.3.28	12日間
	（第122回国会） 一般会計　第1号 特別会計　特第1号 政府関係機関　機第1号	3.12.6	3.12.6	3.12.6	3.12.11	3.12.13	3.12.13	
平成4年度	（第123回国会） 一般会計　本予算 特別会計　〃 政府関係機関　〃	3.12.28	4.1.24	4.1.24	4.3.13	4.4.9 否決	4.4.9	
	(注) 日本国憲法第60条第2項（前段）の規定により、平成4年 4月9日に衆議院の議決を国会の議決とし、成立した。							
	一般会計　暫定予算 特別会計　〃 政府関係機関　〃	4.3.27	4.3.27	4.3.27	4.3.30	4.3.31	4.3.31	11日間
	（第125回国会） 一般会計　第1号 特別会計　特第1号 政府関係機関　機第1号	4.10.30	4.10.30	4.10.30	4.12.1	4.12.10	4.12.10	

区　　　分	概算閣議決定年月日	提出閣議年月日	衆議院提出年月日	衆議院可決年月日	参議院可決年月日	配賦年月日	備考
（第126回国会） 一　般　会　計　本　予　算 特　別　会　計　　　〃 政府関係機関　　　〃	4 .12.26	5 .1 .22	5 .1 .22	5 .3 .6	5 .3 .31 否決	5 .3 .31	
（注）日本国憲法第60条第2項（前段）の規定により、平成5年 　　3月31日に衆議院の議決を国会の議決とし、成立した。							
一　般　会　計　第　1　号 特　別　会　計　特第1号 政府関係機関　機第1号	5 .5 .14	5 .5 .14	5 .5 .14	5 .5 .26	5 .6 .8 否決	5 .6 .8	
（注）日本国憲法第60条第2項（前段）の規定により、平成5年 　　6月8日に衆議院の議決を国会の議決とし、成立した。							
（第128回国会） 一　般　会　計　第　2　号 特　別　会　計　特第2号 政府関係機関　機第2号	5 .11.30	5 .11.30	5 .11.30	5 .12.8	5 .12.15	5 .12.15	
（第129回国会） 一　般　会　計　第　3　号 特　別　会　計　特第3号 政府関係機関　機第3号	6 .2 .10	6 .2 .15	6 .2 .15	6 .2 .22	6 .2 .23	6 .2 .23	
（第129回国会） 一　般　会　計　本　予　算 特　別　会　計　　　〃 政府関係機関　　　〃	6 .2 .15	6 .3 .4	6 .3 .4	6 .6 .8	6 .6 .23	6 .6 .23	
一　般　会　計　暫定予算 特　別　会　計　　　〃 政府関係機関　　　〃	6 .3 .29	6 .3 .29	6 .3 .29	6 .3 .30	6 .4 .1	6 .4 .1	50日間
一　般会計　暫定補正予算 特　別　会　計　　　〃 政府関係機関　　　〃	6 .5 .18	6 .5 .18	6 .5 .18	6 .5 .18	6 .5 .20	6 .5 .20	40日間
（第132回国会） 一　般　会　計　第　1　号 特　別　会　計　特第1号 政府関係機関　機第1号	6 .12.20	7 .1 .20	7 .1 .20	7 .2 .7	7 .2 .9	7 .2 .9	
一　般　会　計　第　2　号 特　別　会　計　特第2号 政府関係機関　機第2号	7 .2 .24	7 .2 .24	7 .2 .24	7 .2 .27	7 .2 .28	7 .2 .28	
（第132回国会） 一　般　会　計　本　予　算 特　別　会　計　　　〃 政府関係機関　　　〃	6 .12.25	7 .1 .20	7 .1 .20	7 .2 .27	7 .3 .22	7 .3 .22	
一　般　会　計　第　1　号 特　別　会　計　特第1号 政府関係機関　機第1号	7 .5 .15	7 .5 .15	7 .5 .15	7 .5 .18	7 .5 .19	7 .5 .19	

平成5年度欄・平成6年度欄・平成7年度欄（左端区分）

区　　　分		概算閣議決定年月日	提出閣議年月日	衆議院提出年月日	衆議院可決年月日	参議院可決年月日	配　賦年月日	備　考
平成7年度	(第 134 回 国 会) 一 般 会 計　第 2 号 特 別 会 計　特第2号 政府関係機関　機第2号	7.9.29	7.10.4	7.10.4	7.10.13	7.10.18	7.10.18	
	(第 136 回 国 会) 一 般 会 計　第 3 号 特 別 会 計　特第3号	7.12.20	8.1.22	8.1.22	8.2.14	8.2.16	8.2.16	
平成8年度	(第 136 回 国 会) 一 般 会 計　本 予 算 特 別 会 計　　　〃 政府関係機関　　〃	7.12.25	8.1.22	8.1.22	8.4.11	8.5.10	8.5.10	
	一 般 会 計　暫定予算 特 別 会 計　　　〃 政府関係機関　　〃	8.3.26	8.3.26	8.3.26	8.3.27	8.3.29	8.3.29	50日間
	(第 140 回 国 会) 一 般 会 計　第 1 号 特 別 会 計　特第1号 政府関係機関　機第1号	8.12.20	9.1.20	9.1.20	9.1.29	9.1.31	9.1.31	
平成9年度	(第 140 回 国 会) 一 般 会 計　本 予 算 特 別 会 計　　　〃 政府関係機関　　〃	8.12.25	9.1.20	9.1.20	9.3.5	9.3.28	9.3.28	
	(第 142 回 国 会) 一 般 会 計　第 1 号 特 別 会 計　特第1号 政府関係機関　機第1号	9.12.20	10.1.12	10.1.12	10.1.28	10.2.4	10.2.4	
平成10年度	(第 142 回 国 会) 一 般 会 計　本 予 算 特 別 会 計　　　〃 政府関係機関　　〃	9.12.25	10.1.19	10.1.19	10.3.20	10.4.8	10.4.8	
	一 般 会 計　暫定予算 特 別 会 計　　　〃 政府関係機関　　〃	10.3.27	10.3.27	10.3.27	10.3.30	10.3.30	10.3.30	18日間
	一 般 会 計　第 1 号 特 別 会 計　特第1号 政府関係機関　機第1号	10.5.11	10.5.11	10.5.11	10.6.15	10.6.17	10.6.17	
	(第 143 回 国 会) 一 般 会 計　第 2 号	−	10.10.13	10.10.13	10.10.13	10.10.16	10.10.16 通知	
	(第 144 回 国 会) 一 般 会 計　第 3 号 特 別 会 計　特第2号 政府関係機関　機第2号	10.11.27	10.12.4	10.12.4	10.12.8	10.12.11	10.12.11	

区　　分		概算閣議決定年月日	提出閣議年月日	衆議院提出年月日	衆議院可決年月日	参議院可決年月日	配賦年月日	備　考
平成11年度	（第 145 回 国 会） 一 般 会 計 本 予 算 特 別 会 計　〃 政府関係機関　〃	10. 12. 25	11. 1. 18	11. 1. 19	11. 2. 19	11. 3. 17 否決	11. 3. 17	
	（注）日本国憲法第60条第2項（前段）の規定により、平成11年3月17日に衆議院の議決を国会の議決とし、成立した。							
	（第 145 回 国 会） 一 般 会 計 第 1 号 特 別 会 計 特第 1 号	11. 7. 8	11. 7. 8	11. 7. 8	11. 7. 15	11. 7. 21	11. 7. 21	
	（第 146 回 国 会） 一 般 会 計 第 2 号 特 別 会 計 特第 2 号 政府関係機関　機第 1 号	11. 11. 25	11. 11. 25	11. 11. 25	11. 12. 7	11. 12. 9	11. 12. 9	
平成12年度	（第 147 回 国 会） 一 般 会 計 本 予 算 特 別 会 計　〃 政府関係機関　〃	11. 12. 24	12. 1. 28	12. 1. 28	12. 2. 29	12. 3. 17	12. 3. 17	
	（第 150 回 国 会） 一 般 会 計 第 1 号 特 別 会 計 特第 1 号 政府関係機関　機第 1 号	12. 11. 10	12. 11. 10	12. 11. 10	12. 11. 21	12. 11. 22	12. 11. 22	
平成13年度	（第 151 回 国 会） 一 般 会 計 本 予 算 特 別 会 計　〃 政府関係機関　〃	12. 12. 24	13. 1. 31	13. 1. 31	13. 3. 2	13. 3. 26	13. 3. 26	
	（第 153 回 国 会） 一 般 会 計 第 1 号 特 別 会 計 特第 1 号 政府関係機関　機第 1 号	13. 11. 7	13. 11. 9	13. 11. 9	13. 11. 13	13. 11. 16	13. 11. 16	
	（第 154 回 国 会） 一 般 会 計 第 2 号 特 別 会 計 特第 2 号	13. 12. 20	14. 1. 21	14. 1. 21	14. 1. 29	14. 2. 1	14. 2. 1	
平成14年度	（第 154 回 国 会） 一 般 会 計 本 予 算 特 別 会 計　〃 政府関係機関　〃	13. 12. 24	14. 1. 25	14. 1. 25	14. 3. 6	14. 3. 27	14. 3. 27	
	（第 156 回 国 会） 一 般 会 計 第 1 号 特 別 会 計 特第 1 号 政府関係機関　機第 1 号	14. 12. 20	15. 1. 20	15. 1. 20	15. 1. 27	15. 1. 30	15. 1. 30	

区分		概算閣議決定年月日	提出閣議年月日	衆議院提出年月日	衆議院可決年月日	参議院可決年月日	配賦年月日	備考
平成15年度	（第156回国会） 一般会計本予算 特別会計 〃 政府関係機関 〃	14.12.24	15. 1.24	15. 1.24	15. 3. 4	15. 3.28	15. 3.28	
	（第159回国会） 一般会計第1号 特別会計特第1号 政府関係機関機第1号	15.12.20	16. 1.19	16. 1.19	16. 1.30	16. 2. 9	16. 2. 9	
平成16年度	（第159回国会） 一般会計本予算 特別会計 〃 政府関係機関 〃	15.12.24	16. 1.19	16. 1.19	16. 3. 5	16. 3.26	16. 3.26	
	（第162回国会） 一般会計第1号 特別会計特第1号 政府関係機関機第1号	16.12.20	17. 1.21	17. 1.21	17. 1.28	17. 2. 1	17. 2. 1	
平成17年度	（第162回国会） 一般会計本予算 特別会計 〃 政府関係機関 〃	16.12.24	17. 1.21	17. 1.21	17. 3. 2	17. 3.23	17. 3.23	
	（第164回国会） 一般会計第1号 特別会計特第1号 政府関係機関機第1号	17.12.20	18. 1.20	18. 1.20	18. 1.31	18. 2. 3	18. 2. 3	
平成18年度	（第164回国会） 一般会計本予算 特別会計 〃 政府関係機関 〃	17.12.24	18. 1.20	18. 1.20	18. 3. 2	18. 3.27	18. 3.27	
	（第166回国会） 一般会計第1号 特別会計特第1号 政府関係機関機第1号	18.12.20	19. 1.25	19. 1.25	19. 2. 2	19. 2. 6	19. 2. 6	
平成19年度	（第166回国会） 一般会計本予算 特別会計 〃 政府関係機関 〃	18.12.24	19. 1.25	19. 1.25	19. 3. 3	19. 3.26	19. 3.26	
	（第169回国会） 一般会計第1号 特別会計特第1号 政府関係機関機第1号	19.12.20	20. 1.18	20. 1.18	20. 1.29	20. 2. 6 否決	20. 2. 6	

(注) 日本国憲法第60条第2項（前段）の規定により、平成20年
2月6日に衆議院の議決を国会の議決とし、成立した。

区　　　分		概算閣議決定年月日	提出閣議年月日	衆議院提出年月日	衆議院可決年月日	参議院可決年月日	配賦年月日	備考
平成20年度	（第169回国会） 一般会計　本予算 特別会計　　〃 政府関係機関　〃	19.12.24	20. 1.18	20. 1.18	20. 2.29	20. 3.28 否決	20. 3.28	
	（注）　日本国憲法第60条第2項（前段）の規定により、平成20年3月28日に衆議院の議決を国会の議決とし、成立した。							
	（第170回国会） 一般会計　第1号 特別会計　特第1号 政府関係機関　機第1号	20. 9.29	20. 9.29	20. 9.29	20.10. 8	20.10.16	20.10.16	
	（第171回国会） 一般会計　第2号 特別会計　特第2号 政府関係機関　機第2号	20.12.20	21. 1. 5	21. 1. 5	21. 1.13	21. 1.26 否決	21. 1.27	
	（注）　日本国憲法第60条第2項（前段）の規定により、平成21年1月27日に衆議院の議決を国会の議決とし、成立した。							
平成21年度	（第171回国会） 一般会計　本予算 特別会計　　〃 政府関係機関　〃	20.12.24	21. 1.19	21. 1.19	21. 2.27	21. 3.27 否決	21. 3.27	
	（注）　日本国憲法第60条第2項（前段）の規定により、平成21年3月27日に衆議院の議決を国会の議決とし、成立した。							
	（第171回国会） 一般会計　第1号 特別会計　特第1号 政府関係機関　機第1号	21. 4.27	21. 4.27	21. 4.27	21. 5.13	21. 5.29 否決	21. 5.29	
	（注）　日本国憲法第60条第2項（前段）の規定により、平成21年5月29日に衆議院の議決を国会の議決とし、成立した。							
	（第174回国会） 一般会計　第2号 特別会計　特第2号	21.12.15	22. 1.18	22. 1.18	22. 1.25	22. 1.28	22. 1.28	
平成22年度	（第174回国会） 一般会計　本予算 特別会計　　〃 政府関係機関　〃	21.12.25	22. 1.22	22. 1.22	22. 3. 2	22. 3.24	22. 3.24	
	（注）　平成21年12月25日概算閣議決定について、平成22年1月22日に変更の閣議決定を行っている。							
	（第176回国会） 一般会計　第1号 特別会計　特第1号 政府関係機関　機第1号	22.10.26	22.10.29	22.10.29	22.11.16	22.11.26 否決	22.11.26	
	（注）　日本国憲法第60条第2項（前段）の規定により、平成22年11月26日に衆議院の議決を国会の議決とし、成立した。							

区　分		概算閣議決定年月日	提出閣議年月日	衆議院提出年月日	衆議院可決年月日	参議院可決年月日	配賦年月日	備　考
平成23年度	（ 第 177 回 国 会 ） 一 般 会 計 本 予 算 特 別 会 計 〃 政府関係機関 〃	22.12.24	23. 1.24	23. 1.24	23. 3. 1	23. 3.29	23. 3.29	
	（注） 日本国憲法第60条第2項（前段）の規定により、平成23年 3月29日に衆議院の議決を国会の議決とし、成立した。					否決		
	（ 第 177 回 国 会 ） 一 般 会 計 第 1 号 特 別 会 計 特第 1 号 政府関係機関 機第 1 号	23. 4.22	23. 4.28	23. 4.28	23. 4.30	23. 5. 2	23. 5. 2	
	（ 第 177 回 国 会 ） 一 般 会 計 第 2 号 特 別 会 計 特第 2 号	23. 7. 5	23. 7.15	23. 7.15	23. 7.20	23. 7.25	23. 7.25	
	（ 第 179 回 国 会 ） 一 般 会 計 第 3 号 特 別 会 計 特第 3 号 政府関係機関 機第 2 号	23.10.21	23.10.28	23.10.28	23.11.10	23.11.21	23.11.21	
	（ 第 180 回 国 会 ） 一 般 会 計 第 4 号 特 別 会 計 特第 4 号	23.12.20	24. 1.24	24. 1.24	24. 2. 3	24. 2. 8	24. 2. 8	
平成24年度	（ 第 180 回 国 会 ） 一 般 会 計 本 予 算 特 別 会 計 〃 政府関係機関 〃	23.12.24	24. 1.24	24. 1.24	24. 3. 8	24. 4. 5	24. 4. 5	
	（注） 日本国憲法第60条第2項（前段）の規定により、平成24年 4月5日に衆議院の議決を国会の議決とし、成立した。					否決		
	（ 第 180 回 国 会 ） 一 般 会 計 暫定予算 特 別 会 計 〃 政府関係機関 〃	24. 3.29	24. 3.29	24. 3.29	24. 3.30	24. 3.30	24. 3.30	6日間
	（ 第 183 回 国 会 ） 一 般 会 計 第 1 号 特 別 会 計 特第 1 号 政府関係機関 機第 1 号	25. 1.15	25. 1.31	25. 1.31	25. 2.14	25. 2.26	25. 2.26	

区 分	概算閣議決定年月日	提出閣議年月日	衆議院提出年月日	衆議院可決年月日	参議院可決年月日	配賦年月日	備考
（第 183 回 国 会） 一 般 会 計 本 予 算 特 別 会 計 〃 政 府 関 係 機 関 〃	25. 1.29	25. 2.28	25. 2.28	25. 4.16	25. 5.15 否決	25. 5.15	

（注） 日本国憲法第60条第2項（前段）の規定により、平成25年
　　　5月15日に衆議院の議決を国会の議決とし、成立した。

区 分	概算閣議決定年月日	提出閣議年月日	衆議院提出年月日	衆議院可決年月日	参議院可決年月日	配賦年月日	備考
平成25年度							
（第 183 回 国 会） 一 般 会 計 暫定予算 特 別 会 計 〃 政 府 関 係 機 関 〃	25. 3.27	25. 3.27	25. 3.27	25. 3.28	25. 3.29	25. 3.29	50日間
（第 186 回 国 会） 一 般 会 計 第 1 号 特 別 会 計 特第1号 政 府 関 係 機 関 機第1号	25.12.12	26. 1.24	26. 1.24	26. 2. 4	26. 2. 6	26. 2. 6	
平成26年度							
（第 186 回 国 会） 一 般 会 計 本 予 算 特 別 会 計 〃 政 府 関 係 機 関 〃	25.12.24	26. 1.24	26. 1.24	26. 2.28	26. 3.20	26. 3.20	
（第 189 回 国 会） 一 般 会 計 第 1 号 特 別 会 計 特第1号 政 府 関 係 機 関 機第1号	27. 1. 9	27. 1.26	27. 1.26	27. 1.30	27. 2. 3	27. 2. 3	
平成27年度							
（第 189 回 国 会） 一 般 会 計 本 予 算 特 別 会 計 〃 政 府 関 係 機 関 〃	27. 1.14	27. 2.12	27. 2.12	27. 3.13	27. 4. 9	27. 4. 9	
（第 189 回 国 会） 一 般 会 計 暫定予算 特 別 会 計 〃 政 府 関 係 機 関 〃	27. 3.27	27. 3.27	27. 3.27	27. 3.30	27. 3.30	27. 3.30	11日間
（第 190 回 国 会） 一 般 会 計 第 1 号 特 別 会 計 特第1号	27.12.18	28. 1. 4	28. 1. 4	28. 1.14	28. 1.20	28. 1.20	
平成28年度							
（第 190 回 国 会） 一 般 会 計 本 予 算 特 別 会 計 〃 政 府 関 係 機 関 〃	27.12.24	28. 1.22	28. 1.22	28. 3. 1	28. 3.29	28. 3.29	
（第 190 回 国 会） 一 般 会 計 第 1 号 特 別 会 計 特第1号	28. 5.13	28. 5.13	28. 5.13	28. 5.16	28. 5.17	28. 5.17	
（第 192 回 国 会） 一 般 会 計 第 2 号 特 別 会 計 特第2号 政 府 関 係 機 関 機第1号	28. 8.24	28. 9.26	28. 9.26	28.10. 4	28.10.11	28.10.11	
（第 193 回 国 会） 一 般 会 計 第 3 号 特 別 会 計 特第3号	28.12.22	29. 1.20	29. 1.20	29. 1.27	29. 1.31	29. 1.31	

区　　分	概算閣議決定年月日	提出閣議年　月　日	衆議院提出年　月　日	衆議院可決年　月　日	参議院可決年　月　日	配　　賦年　月　日	備　考
平成29年度 （第193回国会） 一般会計本予算 特別会計　〃 政府関係機関　〃	28.12.22	29. 1.20	29. 1.20	29. 2.27	29. 3.27	29. 3.27	
（第196回国会） 一般会計第1号 特別会計特第1号	29.12.22	30. 1.22	30. 1.22	30. 1.30	30. 2. 1	30. 2. 1	
平成30年度 （第196回国会） 一般会計本予算 特別会計　〃 政府関係機関　〃	29.12.22	30. 1.22	30. 1.22	30. 2.28	30. 3.28	30. 3.28	
（第197回国会） 一般会計第1号 特別会計特第1号	30.10.15	30.10.24	30.10.24	30.11. 2	30.11. 7	30.11. 7	
（第198回国会） 一般会計第2号 特別会計特第2号	30.12.21	31. 1.28	31. 1.28	31. 2. 5	31. 2. 7	31. 2. 7	
令和元年度 （第198回国会） 一般会計本予算 特別会計　〃 政府関係機関　〃	30.12.21	31. 1.28	31. 1.28	31. 3.27	31. 3.27	31. 3.27	
（注）　平成30年12月21日概算閣議決定について、平成31年1月18日に変更の閣議決定を行っている。							
（第201回国会） 一般会計第1号 特別会計特第1号 政府関係機関　機第1号	元.12.13	2. 1.20	2. 1.20	2. 1.28	2. 1.30	2. 1.30	
令和2年度 （第201回国会） 一般会計本予算 特別会計　〃 政府関係機関　〃	元.12.20	2. 1.20	2. 1.20	2. 2.28	2. 3.27	2. 3.27	
（第201回国会） 一般会計第1号 特別会計特第1号 政府関係機関　機第1号	2. 4. 7	2. 4.27	2. 4.27	2. 4.29	2. 4.30	2. 4.30	
（注）　令和2年4月7日概算閣議決定について、令和2年4月20日に変更の閣議決定を行っている。							
（第201回国会） 一般会計第2号 特別会計特第2号 政府関係機関　機第2号	2. 5.27	2. 6. 8	2. 6. 8	2. 6.10	2. 6.12	2. 6.12	
（第204回国会） 一般会計第3号 特別会計特第3号	2.12.15	3. 1.18	3. 1.18	3. 1.26	3. 1.28	3. 1.28	

区　分		概 算 閣 議 決定年月日	提 出 閣 議 年　月　日	衆議院提出 年　月　日	衆議院可決 年　月　日	参議院可決 年　月　日	配　　賦 年　月　日	備　考
令和3年度	（ 第 204 回 国 会 ） 一 般 会 計 本 予 算 特 別 会 計　　〃 政 府 関 係 機 関　　〃	2.12.21	3. 1.18	3. 1.18	3. 3. 2	3. 3.26	3. 3.26	
	（ 第 207 回 国 会 ） 一 般 会 計 第 1 号 特 別 会 計 特 第 1 号	3.11.26	3.12. 6	3.12. 6	3.12.15	3.12.20	3.12.20	
令和4年度	（ 第 208 回 国 会 ） 一 般 会 計 本 予 算 特 別 会 計　　〃 政 府 関 係 機 関　　〃	3.12.24	4. 1.17	4. 1.17	4. 2.22	4. 3.22	4. 3.22	
	（ 第 208 回 国 会 ） 一 般 会 計 第 1 号 特 別 会 計 特 第 1 号	4. 5.17	4. 5.25	4. 5.25	4. 5.27	4. 5.31	4. 5.31	
	（ 第 210 回 国 会 ） 一 般 会 計 第 2 号 特 別 会 計 特 第 2 号	4.11. 8	4.11.21	4.11.21	4.11.29	4.12. 2	4.12. 2	
令和5年度	（ 第 211 回 国 会 ） 一 般 会 計 本 予 算 特 別 会 計　　〃 政 府 関 係 機 関　　〃	4.12.23	5. 1.23	5. 1.23	5. 2.28	5. 3.28	5. 3.28	
	（ 第 212 回 国 会 ） 一 般 会 計 第 1 号 特 別 会 計 特 第 1 号	5.11.10	5.11.20	5.11.20	5.11.24	5.11.29	5.11.29	
令和6年度	（ 第 213 回 国 会 ） 一 般 会 計 本 予 算 特 別 会 計　　〃 政 府 関 係 機 関　　〃	5.12.22	6. 1.26	6. 1.26	6. 3. 2	6. 3.28	6. 3.28	

（注）令和5年12月22日概算閣議決定について、令和6年1月16日に変更の閣議決定を行っている。

（注）

1. 昭和20年度～昭和34年度は「昭和38年度予算事務提要」（134頁～140頁参照）

2. 昭和35年度～昭和40年度は「昭和41年度予算事務提要」（154、155頁参照）

3. 昭和41・42年度は「昭和43年度予算事務提要」（149頁参照）

4. 昭和43・44年度は「昭和45年度予算事務提要」（186頁参照）

5. 昭和45・46年度は「昭和47年度予算事務提要」（195頁参照）

6. 昭和47年度は「昭和49年度予算事務提要」（201頁参照）

7. 昭和48・49年度は「昭和50年度予算事務提要」（186頁参照）

令和6年度　予算事務提要

令和6年6月27日　印刷
令和6年7月23日　発行

不　許
複　製

編集人　一般財団法人　大蔵財務協会

一般財団法人大蔵財務協会　理事長
発行人　木　村　幸　俊

発行所　一般財団法人　大蔵財務協会
〔郵便番号　130-8585〕
東京都墨田区東駒形1丁目14番1号
（販　売　部）TEL03（3829）4141・FAX03（3829）4001
（出版編集部）TEL03（3829）4142・FAX03（3829）4005
http://www.zaikyo.or.jp

落丁・乱丁はお取替えいたします。　　　　印刷　三松堂㈱
ISBN978-4-7547-3249-3